D1702392

SICHT- und SONNENSCHUTZ

Verbindung von DESIGN und FUNKTION

SICHT- und SONNENSCHUTZ

Verbindung von DESIGN und FUNKTION

VIS
Verband innenliegender Sicht- und Sonnenschutz e.V.

Wir bedanken uns bei allen Personen und Firmen, die unsere Arbeit unterstützt haben. Die Hilfe, die uns von allen gewährt wurde, hat uns in unserer wichtigen Aufgabe bestärkt. Wir sind sicher, dass wir mit unserem Buch eine wertvolle Grundlage für die Aus- und Weiterbildung von Fachkräften geschaffen haben. Geschultes Personal und qualifiziertes Fachwissen sind die Basis für den Verkauf von hochwertigen Sicht- und Sonnenschutzprodukten.

Autoren und Verlag danken nachfolgend aufgeführten Firmen und Verbänden für die Zurverfügungstellung von Infomationsmaterial, Fotos und Abbildungen.

Die Mitgliedsfirmen des VIS Verbandes
Bundesverband Rolladen und Sonnenschutz e.V.
Das Tapezierer Buch

Fa. Faber Ryslingen

Autoren:
Michael Eifler – Arquati, Hamburg
Britta Gies – Teba, Duisburg
Erhard Klaus Müller – Büscher, Bielefeld
Wolfgang Rübin – Silent Gliss, Weil
Gisela Schang – Koordinatorin
Georg Thumm – MHZ, Stuttgart

1. Auflage, 2002

Herausgeber: VIS · 47798 Krefeld, Ostwall 227

Gesamtherstellung: Silfox-Gruppe, Emsdetten
Verlag: Lechte-Medien, Emsdetten

Printed in Germany

ISBN 3-7849-1200-1

Einbandgestaltung: Monika Elkmann, Bielefeld

Innenliegender Sicht- und Sonnenschutz hat sich im Laufe der letzten Jahrzehnte zu einer maßgeblichen Einrichtungskomponente entwickelt. Die dekorative Gestaltungskraft bringt immer anspruchsvollere Beispiele hervor. Hochwertige Produkte verlangen nach einer intensiven Ausbildung der Personen, die mit ihnen umgehen. Wer sie baut, plant oder einbaut, wer sie anwendet, verkauft oder repariert, will die vielfältigen technischen Möglichkeiten in den unterschiedlichsten Einsatzbereichen zur Geltung bringen. Die Produkte des innenliegenden Sicht- und Sonnenschutzes haben großen Gestaltungsspielraum. Materialien unterschiedlicher Qualitäten, Formen und Farben verlangen funktionalen und ästhetischen Einsatz. Sie sind unverzichtbare Bestandteile moderner Architektur und individueller Gestaltung von Wohn- und Arbeitsräumen.

Die wichtigsten Mittler dieser Produkte und Ihrer Funktionen gegenüber dem Konsumenten sind Fachleute, die sich mit der Gestaltung von Wohn- und Arbeitsräumen befassen und über ausgezeichnete Fachkenntnisse und ästhetisches Einfühlungsvermögen verfügen.

Das vorliegende Werk unterstützt die Ausbildung gerade dieses Personenkreises. Es ist Standardwerk für Fachkräfte, die sich mit den Einsatzbereichen des innenliegenden Sonnenschutzes in seiner vielgestaltigen Form befassen. Sonnen- und Blendschutzartikel finden individuellen Einsatz und sind deshalb im Höchstmaße beratungsintensiv. Der Kunde erwartet Lösungen für schwierige Fensterformen, Temperaturverhältnisse, spezielle Einsätze im Arbeitsplatz- und auch Wohnbereich. Nur Fachleute, die die Produkte, ihre Wirkungsweise und Einsatzbereiche im Detail kennen, sind in der Lage, kompetent zu beraten und Problemlösungen zu bieten.

Der Verband innenliegender Sicht- und Sonnenschutz e.V. wünscht allen Lesern dieses Standardwerkes auf dem Wege zu dieser nötigen und gewünschten Beratungskompetenz viel Erfolg.

VIS
Verband innenliegender Sicht- und Sonnenschutz e.V.

Inhalt

Vorwort

Einleitung   9

Kapitel 1
Historie innenliegender Sonnenschutz   11
• Rollo   12
• Jalousie   15
• Lamellenvorhang   18
• Plissee   19
• Flächenvorhang   19

Kapitel 2
Produktpalette   20
• Rollo   20
  Übersicht   22
  Unterweisung   24
• Jalousie   32
  Übersicht   34
  Unterweisung   36
• Lamellenvorhang   44
  Übersicht   46
  Unterweisung   48
• Plissee   54
  Übersicht   56
  Unterweisung   58
• Flächenvorhang   66
  Übersicht   68
  Unterweisung   70

Kapitel 3
Technik   76
• Elektrosteuerung   76
• Ausmessen   79
• Montage   80
• Produktspezifische Hinweise   85
• Stichwortverzeichnis   87

Als Sonnenschutz werden alle Maßnahmen bezeichnet, die notwendig sind, um Sonneneinstrahlung und deren Wirkung im Raum zu verringern oder zu beeinflussen.

Licht regulierende Eigenschaften
• Regulierung des Lichteinfalls
• Verringerung der Blendwirkung des Sonnenlichts im Raum
• Vermeidung von Reflexionen
• Verdunklung
• Differenzierte Versorgung des Raumes mit Tageslicht

Wärmeregulierung
• Verringerung der Wärmebelastung im Raum

Sichtschutz
• Eine visuelle Sichtverbindung nach draußen
• Sichtschutz

Bedienerfreundlichkeit
• Bewegen von Fenstern und Türen unabhängig vom Sonnenschutz
• Leichte Anbringung
• Komfortable Bedienung
• Dekorativer Charakter
• Pflegeleicht und wartungsfrei

Die Architektur der Fenster- und Fassadengestaltung erfordert Sonnen-, Sicht- und Blendschutzsysteme, die zum einen das Aufheizen der Räume durch Sonneneinstrahlung vermeiden und Blendschutzfunktionen z. B. für Büros mit Bildschirmarbeitsplätzen übernehmen und zum anderen vor unerwünschten Einblicken in die eigenen vier Wände schützen. Menschen benötigen das Tageslicht, um sich wohl zu fühlen. Die wechselnden Lichtstimmungen im Tagesverlauf ermöglichen längeres und konzentriertes Arbeiten.

Die Einfallsrichtung der Sonne verändert sich im Tages- und Jahresverlauf. Bei bedecktem Himmel hat das Tageslicht eine geringe Beleuchtungsstärke, ist zudem diffus und wirft keine Schatten. Tageslicht und Farben können Stimmungen heben und dadurch Leistungen beeinflussen. Gestaltungsmöglichkeiten durch die verschiedenen Konstruktionen, Formen und Farben können sowohl harmonisch, neutral, behaglich, als auch dominierend wirken.

Einleitung

Die Farbe des Sonnenschutzes hat großen Einfluss auf die Raumtemperatur und die natürliche Helligkeit. Der textile Sonnenschutz hat mit seiner großen Auswahl an Farben, Mustern, unterschiedlichen Stoffen und Folien einen hohen dekorativen Charakter. Die lichttechnischen Eigenschaften Reflexion, Absorption und Transmission bestimmen je nach Anforderung die Auswahl des Materials.

Historie

Rollo

Das Rollo ist eine der ältesten Möglichkeiten, abzuschirmen oder zu verdunkeln. In den vor einigen tausend Jahren errichteten ägyptischen Bestattungsräumen fand man einige Verzierungen, die eine Art Vorhang darstellen, der mit Bambus- und ähnlichen Stöcken gehoben oder gesenkt werden konnte.

Im Jahre 1669 wurden in einer Bestandsaufnahme des Kopenhagener Schlosses Rollos erwähnt. Diese wurden mit Schnüren bewegt, die über Riemenscheiben umgelenkt wurden.

Bedrucktes Rollroleau, leinenbindige Baumwolle mit Ölfarbe, Holzstange mit Eisenbeschlägen, Stoffbreite 80 cm, Stangenlänge 93 cm, Mitte des 19. Jhdt., Stadtmuseum München, M 9042, 1–3

Springmechanismus

In den USA wurde im Jahr 1870 ein Patent auf einen Springmechanismus ausgestellt, der einen Vorhang selbstständig nach oben und unten bewegen konnte. Im Jahre 1874 beginnt Chresten Faber handgefertigte, mit verschiedenen Motiven bemalte Rollos herzustellen. 1905 wurde die erste Fabrik gebaut. Das aus gestärktem Baumwollgewebe hergestellte und verzierte Rollo war ein wichtiges Produkt für die Firma Faber.

Im „Tapezierer-Buch" aus dem Jahr 1923 ist Folgendes zu lesen: *„Das einfache Rollrollo besteht aus der hölzernen Rollstange mit Blechscheiben und Zugschnur, dem Leinenkörper und der Senkstange. An den Enden der Rollstange sind Blechscheiben angebracht. Die eine davon hat zwei Scheiben, zwischen denen die Zugschnur sich aufwickeln kann. Glatte runde Stifte ohne Kopf sind inmitten der beiden Stirnseiten der Holzstange eingeschlagen. Sie bilden die Achsen für die Umdrehung der Stange. Sie gehören in die runden Löcher der beiden Kloben, wovon der eine einen Eingangsschlitz hat, so dass die Stange ein- und ausgehängt werden kann.*

Die Schnur wird unter der Blechscheibe durch eine Ösenschraube geführt, so dass sie immer direkt in die Doppelscheibe hineingeleitet wird. Man kann an die Schnur eine Schleife binden und diese in einem Knopfnagel einhängen. Es gibt eine Menge verschiedener Schnurhalter, um das Rollo in jeder beliebigen Höhe festzuhalten. Der Rollokörper ist eine fadengerade und rechtwinklig zugeschnittene Leinwand, die womöglich an den Seiten mit einem Selbende aufhören soll, damit es nicht nötig wird, einen Saum zu nähen. Kann man einen solchen Saum dennoch nicht umgehen, so ist es das Beste, ihn nur einfach, also nicht doppelt, umzukippen. Dicke Längssäume lassen ein schönes Funktionieren des rollenden Rollos kaum zu. Die Breite des Leinenkörpers darf die Stange nicht dicht bis an die Blechscheibe hin ausfüllen. Man muss beiderseits zirka 2 cm frei lassen. Die durchaus gradlinige und astfreie Holzstange erhält einen auflinierten Bleistiftstrich, an den der Oberrand der Leinwand angenagelt wird. Dieser Rand erhält einen sehr gradlinigen Doppelumschlag, den man auf der Tischplatte mit Hilfe des Lineals vorher eingefalzt hat. Am Unterrand befindet sich ein Stangensaum. Die Senkstange ist aus Eisen und wird mit einem Ölanstrich versehen. Zwei Rundhaken können die Senkstange rechts und links aufnehmen und wenn dies geschehen ist, kann man die Zugschnur anziehen, so dass das Rollo gespannt ist.

Im Jahre 1867 wurde von einem Deutschamerikaner der Selbstroller vorgeführt. Die königliche Zentralstelle für Gewerbe und Handel zu Stuttgart erwarb damals verschiedene Exemplare für ihre ständige Ausstellung. Seit längerer Zeit wird der Selbstroller auch in Deutschland hergestellt und erweist sich als bewährtes Mittel zur Aufwicklung von Blenden. Man fertigt die Selbstrollerstangen in verschiedenen Längen- und Stärkegraden, so dass man für schwere und leichte Blendenkörper die passenden Qualitäten bekommen kann. Die Eigenart des Selbstrollers besteht darin, dass sich die hölzerne Stange durch eine in sie hinein gelagerte Feder um ihre eigene

Achse drehen kann, sobald ein am Ende der Feder befestigtes Zahnrad durch kurzes Anziehen eines Hebels ausgelöst wird. Wenn der Stoff an der Holzstange angenagelt ist, so kann in der Mitte der hölzerne Senkstange ein kurzes Band befestigt werden, an dessen unten befestigter Ziehquaste das Rollo herabgezogen oder durch ein raschen Anziehen hinaufgerollt werden kann.

Dem Dekorateur werden für die ab- oder aufwärts zu bewegenden Selbst-roller jeweils Gebrauchsanweisungen in die Hand gegeben, die ihn über das Anschlagen der Träger, die Aufziehung der Feder und Einsetzen der Sperrhäkchen genau unterrichten. Bei der Bestellung hat man anzugeben, ob ein ab- oder aufwärtslaufender Selbstroller zu liefern ist."

In Deutschland wurde das Rollo in den 20er Jahren als Springrollo eingeführt und erfüllte in seiner einfachen Anwendung die unterschiedlichsten Zwecke. Im Jahre 1929 begann die Familie Starcke in Melle mit der Herstellung von Holzfederwellen. Der erste Kunde war die Familie Justin Hüppe in Oldenburg. In der Folgezeit etablierten sich in Deutschland eine Reihe von Rollo-Herstellern. Dem entsprechen einige Rollostoff- und Federwellen-Produzenten, z. B. Firma Benecke in Vinnhorst für Rollo-Stoffe und Firma Persson mit Vertriebsbüro in Bremen für Selbstroller. Während der deutschen Besetzung in Dänemark entwickelte Faber immer neue Techniken für Rollos. Wie in Deutschland wurden Rollos im zweiten Weltkrieg überall zur Verdunklung gegen Fliegersicht eingesetzt. Aber auch für Gewächshäuser und für viele Wohnzwecke, gegen Zug und Kälte am Fenster bot man Rollos an. Faber beschäftigte zu dieser Zeit schon mehr als 400 Mitarbeiter.

Rollos wurden aus den verschiedensten Materialien hergestellt. Man fertigte zuerst die Bahnen z. B. aus satiniertem Tauen-Rollopapier, Film-Folie (glasklar und orange), als Behelf nach überstandenen Kriegszeiten auch aus Gasplanen und wenig umweltfreundlichen nitrobehandelten Baumwollgeweben. Rollos aus Plastikfolie waren besonders leicht zu reinigen. Ursprünglich wurde das Material auf eine Holzwelle geheftet, eine seitliche Riemenscheibe führte die Bedienungsschnur. Das Rollo senkte sich durch das Eigengewicht.

Ein Springmechanismus war die Weiterentwicklung. Das Rollo konnte jetzt mit Verriegelungen, die durch die Fliehkraft geregelt wurden, gestoppt werden.

Ende der 70er Jahre wurde als alternative Bedienung die seitliche Kugelkette eingeführt, die sich heute gegenüber dem „Springrollo" weitgehend durchgesetzt hat.

Jalousie

Mit diesem Begriff bezeichneten die Franzosen ein Fenster-Gitter, das so beschaffen war, dass man zwar hinaussehen, aber niemand hineinsehen konnte. Diese Fenstergitter waren den Vergitterungen orientalischer Harems nachgebildet, wodurch sich auch der Begriff „Jalousie = Eifersucht" erklärt.
Am 14. April 1812 erhielt der Tischler Cochot in Paris ein Patent auf die Erfindung einer Jalousie.

Auszüge aus der Produktbeschreibung:
Eine Anzahl hölzerner Stäbe, die in gleichmäßig kurzen Abständen an einem Zugband befestigt sind, ermöglicht durch eine sinnreiche Vorrichtung das Aufziehen und Niederlassen. Der Lichteinfall kann beliebig verändert werden.

Historie

Sie sind als Fensterläden und Fensterschutz nicht nur bei Dunkelheit, sondern auch am Tage brauchbar und wirken gleichermaßen gegen Licht als gegen unberufene Einsicht, wobei wiederum die Möglichkeit besteht, Neugierige vom Zimmer aus ungesehen zu beobachten.

Die französische Bezeichnung ist uns auch 100 Jahre nach der Patentierung erhalten geblieben. Im Französischen heißt die Jalousie heute „store venetien".

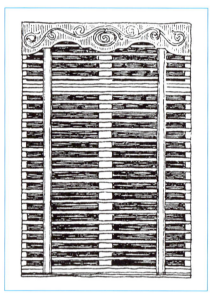 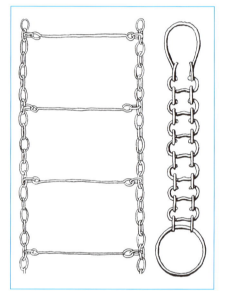

Abbildung: Nicht nur funktionell, sondern in schönem Design der jewiligen Epoche zeigen sich diese Anlagen

Als erster deutscher Produktionsbetrieb für Jalousien gilt die Firma Heinrich Freese. Die „Jalousiefabrik", in der man Brettchen-Jalousien fertigte, wurde im Jahr 1854 in Hamburg gegründet.

Jalousien mussten auch damals nicht nur funktionell sein, sondern auch den gehobenen Ansprüchen in gestalterischer Hinsicht genügen. Bestimmend für das Design der Anlagen war der Baustil der jeweiligen Epoche. Abdeckblenden gaben den nachträglich angebrachten Jalousien eine besondere Note. Hier konnte sich die gestalterische Phantasie austoben, wobei nach heutigem Empfinden manches kitschig wirkte.

Referenzlisten wurden von den Herstellern als Aufwertung ihrer Produktkataloge abgedruckt. Wenn z.B. Seine Majestät der Kaiser als Kunden angeben werden konnten, sorgte das natürlich für gewaltigen Eindruck. Konnte man mit solchen Auftraggebern renommieren, wurden Kaufanreize für Bürgerliche geschaffen. Es wurde unterschieden zwischen Jalousien für Monumentalbauten, Jalousien für vornehme Wohnräume und schlichte Ausführungen für die weniger begüterten Käuferschichten.

Vieles, was heute fertig bezogen wird, musste seinerzeit selbst angefertigt werden. Trotzdem kam man schon damals nicht ohne Vorlieferanten aus. So war beispielsweise die Firma Ernst Selve, gegründet 1866, schon vor der Jahrhundertwende Hersteller und Lieferant von Stahlplättchen und Ketten für die Jalousie-Herstellung.

Abbildung: typische Anzeigen um 1910

In der Gründerzeit und in den späten 30er Jahren war ein Jalousiefabrikant „Wer". Eindrucksvoll war auch das Sprachniveau, das ein bezeichnendes Licht auf den geschäftlichen Teil warf. So wurde beispielsweise eine Preisliste mit der Höflichkeitsfloskel vorgelegt: *„Hiermit haben wir die Ehre, ihnen unsere Preisliste über Jalousien zur gefälligen Einsicht und Berücksichtigung ergebenst zu übersenden."* Interessant ist auch die Einleitung eines Produktkataloges aus dem Jahre 1903: *„Schon lange Zeit hat sich unsere Concurrenz darin gefallen, in der Verbreitung unwahrer Angaben über unseren Geschäftsumfang unablässig bemüht zu bleiben. Wenn wir bisher* *dazu geschwiegen, so geschah das, weil wir uns derartige missbilligende Kritiken, deren Art und Form nur zu deutlich Missgunst zu athmen erhaben wussten, und dieselbe Auffassung auch bei unserer großen Kundschaft vorauszusetzen."*

Dazu passt eine Überlieferung, wonach es zum guten Ton gehörte, sich in „Bratenrock und Zylinder" zu werfen, wenn man zu einer Vertragsverhandlung ging. Ende der 40er Jahre produzierte man Jalousien mit farbig lackierten Aluminium-Lamellen. Die Firmen Faber und Hunter Douglas waren maßgeblich an deren Einführung in Europa beteiligt. Das Kopfprofil und der untere Abschluss wurden zuerst aus Holz, später aus Aluminium gefertigt. Die Technik verschwand nun in den Aluminium-Kopfprofilen. Nach dem zweiten Weltkrieg wurden die Lamellen aus Aluminium hergestellt. Dieses hochfeste und flexible Material war eine revolutionäre Neuerung in der Jalousie-Technik. Die Technologie der Lackierung von Aluminium und Blechteilen hat sich stets weiterentwickelt.

Lamellenvorhang

Bereits um 1870 gab es in Amerika Lamellenvorhänge. In den 60er Jahren vergab der Marktführer für Lamellenvorhänge in den USA, die Firma Louverdrape, eine Lizenz zum Bau von Lamellenvorhängen in Europa an die Firma Lecleuse in Belgien.

1961–62 rüstete die Firma Wohntextil GmbH in Bremerhaven das Berliner Verlagshaus Springer mit Fertiganlagen aus. Aus der Firma Wohntextil entstand 1966 die Firma Bautex, Adolf Stöver KG. Unter der Marke „Sundrape" erfolgte die Entwicklung und der Vertrieb von Komponenten und Fertigprodukten. Analog zur dieser Entwicklung wurde von der Firma Krülland 1960 ein eigenes System für Lamellenvorhänge entwickelt. Die Neuentwicklung erfolgte auf Anregung des Düsseldorfer Architekturbüros HPP. Zum 1. Januar 1962 gründete die Firma Krülland in Deutschland die Vertiso GmbH.

Inzwischen haben sich eine Reihe Lamellenvorhangsysteme auf dem europäischen Markt etabliert.

Plissee

Die ersten Patente von Plisseeanlagen wurden in den 30er Jahren erteilt. Ursprünglich wurden die Anlagen aus Papier im niederländischen Einfluss-bereich als Fensterbekleidung für „arme Leute" hergestellt und vertrieben. 1973 entwickelte der holländische Werftunternehmer Verolmon zusammen mit der Firma Blydenstein-Willink alubedampfte Textilstoffe für den Gardinen-bereich. Diese Ware bildete die Grundlage für die von den beiden Unter-nehmen entwickelte Plisseesystematik – Verosol Plissee. 1980 wurde von dem holländischen Unternehmer Siegfried Schön die Firma Plisol gegründet. Der Geschäftsgegenstand war die Herstellung von Plisseeanlagen und der Vertrieb von Komponenten und Fertigungseinrichtungen.

Die Firma Blöcker in Bremen führte ab 1984 unter der Produktbezeichnung „Cosiflor" Plissee von Schön auf dem deutschen Markt ein. In den 90er Jahren trennten sich die Firmen Schön und Blöcker. Seitdem sind diese zwei Systeme unter „Schön Design" und „Cosiflor" auf dem Markt. Plissee ist das jüngste Produkt auf dem Sonnenschutzmarkt.

Flächenvorhang

Die fernöstliche Tradition des Licht- und Schattenspiels, bei dem Papierschiebewände verwendet werden, ist der eigentliche Ursprung des Flächenvorhangsystems. Der auch als Paneltrac oder Schiebevorhang bezeich-nete Flächenvorhang kam über einen Umweg aus den USA erst in den 70er Jahren des vorigen Jahrhunderts nach Europa. Die Firmen Kirsch und Graber brachten als erste diese Anlagen auf den Markt. Anschließend verbreitete sich die Idee auch in Europa, z. B. nahm die Firma Silent Gliss diese Idee 1972 auf und verbesserte gleichzeitig die Technik. Stoff-Designer stellten sich auf die neue Technik ein und kreierten interessante Motive und Muster. Inzwischen kamen als zusätzliche Bedienungsvarianten Schnurzug und Elektroantrieb auf den Markt. Flächenvorhangsysteme werden heute von vielen unterschied-lichen Herstellern angeboten.

Rollo

Rollo *Übersicht*

Produktdefinition	Das Rollo ist eine glatte, auf eine Welle gewickelte Stoffbahn.
Konstruktions-merkmale	Bestandteile des Rollos sind: **Welle** aus Stahl, Alu oder Holz **Stoffbahn** durch Kleben, Kledern oder Heften an der Welle befestigt **Fallstab** bildet den unteren Abschluss, aus Holz, Kunststoff, Alu oder Stahl
Funktionsweise	Federzugwelle Getriebe Motor
Modellvarianten	Kassettenrollo Softrollo Springrollo Seitenzugrollo Elektrorollo Dachflächenrollo Gegenzugrollo Abdunkelungsrollo
Bedienung	Mittelzug Seitenzug Elektrobedienung
Material	Baumwolle Polyester Fasergemische Vliese Screen Folien Glasfaser Trevira CS Spezialausrüstung

Anwendung

Das Rollo dient der flächigen Lichtregulierung mit beliebiger Höhenverstellbarkeit: Sichtschutz, Sonnenschutz, Blendschutz, Wärme-/ Kälteschutz, Verdunkelung, Projektionswand, Dekoration, Raumteiler.	**Nutzendefinition**
Im Bereich der Raumausstattung setzt das Rollo durch Farbe, Gewebestruktur, Druckmuster, als Ausbrenner, Schabracke und Volant dekorative Akzente.	**Dekoration, Gestaltung**
Abhängig von Modell und Stoff	**Systemmaße**
Fenster, Türen, Oberlichter, Dachfenster, Abtrennungen in Innenräumen	**Einsatzbereich**

Montage

Wand, Decke, Nische	**Montageart**
Träger, Trägerprofil, Klemmträger	**Trägersystem**
Stabile, ebene Unterkonstruktion, Befestigungsmaterial je nach Untergrund	**Montagevoraussetzung vor Ort**
Erklärung von Funktion und Pflege	**Bedienung**

Pflege, Reinigung, Reparatur

Absaugen und feucht abwischen	**Pflege**
Austausch des Stoffes und Reparatur der Technik durch einen Fachbetrieb oder den Hersteller	**Reparatur durch den Fachbetrieb**

Produktvorteile

Einfache Bedienung, einfache Verdunkelung, klare Formen, schlichte Ergänzung zur Dekoration, wartungsfreie Technik	**Für den Endverbraucher**

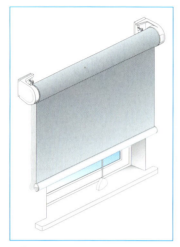

Rollo

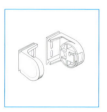

Träger

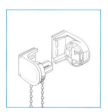

Träger Kettenzug

1. Produktbeschreibung

1.1. Produktdefinition

Ein Rollo ist eine glatte Stoffbahn, die auf einer Welle auf- und abgewickelt wird.

1.2. Konstruktionsmerkmale

Die Welle besteht aus Stahlblech oder Aluminium. Holzwellen werden nur noch selten verwendet. Die unterschiedlichen Wellendurchmesser werden nach Breite des Rollos und Gewicht des Stoffes differenziert eingesetzt.
Bei einem Wellendurchmesser von 25 mm darf das Behanggewicht von 2,5 kg , bei 28 mm 3,0 kg und bei 36 mm 4,0 kg nicht überschreiten.
Es gibt unterschiedliche Techniken, Rollo-Stoffe auf der Welle zu befestigen: Heften, kleben und kedern sind die üblichen Befestigungsformen. Den unteren Abschluss eines Rollos bildet der Fallstab, der entweder in einen Saum eingelegt oder über Klebekeder am Stoff befestigt wird. Der Fallstab kann aus Holz, Kunststoff, Aluminium oder Stahl bestehen, er dient der Beschwerung und Stabilisierung der Stoffbahn. Auf die Montage-Situation abgestimmte Trägersysteme halten die Welle.

1.3. Modellvarianten

Federzug-Rollos, Seitenzug-Rollos und Rollos mit Elektromotor.

Federzug-Rollo

Rollos mit Federwelle werden auch Springrollos oder Mittelzugrollos genannt. Der Federmechanismus wird mit Vorspannung in die Welle eingebaut und ermöglicht das kontrollierte Aufrollen des Stoffes. Die eingebauten Sperrhaken arretieren das Rollo. Durch einen leichten Zug an der Rollokordel nach unten wird die Arretierung gelöst und die gespannte Feder kann den Stoff zügig nach oben ziehen. In der Aufwärtsbewegung sollte der Rollostoff gegen schiefes Aufwickeln mit der Hand leicht geführt werden. Die Verlangsamung der Bewegung des Unterstabes nach oben bewirkt schließlich die Arretierung in der gewünschten Höhe.

Soft-Rollo

Eine Variante des Federzugrollos. Ein spezieller Bremsmechanismus verzögert den Aufrollvorgang. Nach dem Lösen der Arretierung rollt das Rollo ohne Überschlaggefahr selbsttätig und langsam in die Endposition.

Seitenzug-Rollo

Bei einem Seitenzug-Rollo erfolgt die Bedienung über eine seitlich angebrachte Perlkette. Ein in die Welle eingebautes Kettenzuggetriebe mit eingebauter Bremse verhindert das selbstständige Abrollen des Rollos. Das Ziehen an der Kette bringt das Rollo in jede gewünschte Position.

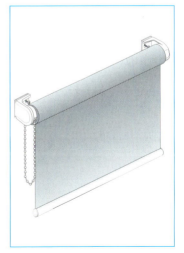

Seitenzug-Rollo

Elektro-Rollo

Ein Elektrorollo wird mit einem Motor bewegt, der sich in der Welle befindet (Rohrmotor).
Der Antrieb erfolgt über Niedervolt oder 230 Volt. Bedienungsmöglichkeiten sind möglich über Taster, Fernbedienung oder Automatikprogramme.

Bedienungsvariante: Einzelanlage

Bedienungsvariante: Einzelanlage mit Fernbedienung

Kassetten-Rollo

Kassetten-Rollo

Bei einem Kassetten-Rollo liegen Welle und Stoff in einer Kassette. Diese optische Verkleidung schützt Stoff und Mechanik vor Verschmutzung. Kassetten-Rollos zur Abdunklung sind mit seitlichen Führungsschienen ausgestattet. In das Seitenprofil und das untere Abschlussprofil eingearbeitete Bürstendichtungen verstärken den Abdunkelungs-Effekt.

Rollo für Dachflächenfenster

Das Dachflächenfenster-Rollo ist ein Federzug-Rollo. Zum Arretieren wird der Unterstab in seitlich montierte Haltekrallen eingehängt. Das Abdunkelungs-Rollo für Dachflächen-Fenster ist in der Regel ein Kassetten-Rollo mit seitlichen Führungsschienen. Der Grad der Abdunklung ist je nach Fabrikat unterschiedlich. Die Konstruktion und das Zubehör des Dachflächen-Rollos hängen vom Fensterfabrikat und seiner Bauweise ab.

1.4. Materialien und Stoffe

Die Stoffe werden aus Baumwolle, Polyester, Fasermischungen und Trevira CS hergestellt. Hauptsächlich finden hier die Grundbindungen wie Leinwand, Rips, Köper und Atlas Verwendung. Die Stoffe gibt es uni, bedruckt oder als Ausbrenner, als Screenstoffe, Folien oder Vliese.

Velux Dachflächenfenster

Rollostoffe bekommen eine spezielle Ausrüstung, damit sie plan, verzugsfrei, maß- und formstabil sind. Durch die Ausrüstung können auch die Eigenschaften der Stoffe verschiedenen Anforderungen angepasst werden, wie z. B. Abdunklungsbeschichtungen, und/oder Reflexionsbeschichtungen (siehe Stichwortverzeichnis).

Perlex

Die Kanten müssen schnittfest sein. Geschnitten wird je nach Qualität als Kalt- oder Heißschnitt mit Klinge, mit Ultraschall oder Laser. Seitliches Säumen oder Kleben ist nicht üblich, da zusätzliches Material an den Seiten aufträgt. Dadurch wäre ein verzugsfreies Aufwickeln nicht möglich, aus dem gleichen Grund gibt es beim Rollo keine Längsnaht.

2. Anwendung

2.1. Nutzendefinition

Das Rollo bietet eine flächige Lichtregulierung mit beliebiger Höhenverstellbarkeit. Es ist in der Regel Beschattungselement für Fenster, Türen und Dachflächenfenster und dient als Sicht-, Sonnen-, Blend-, Wärme-, Kälteschutz und zur Abdunkelung. Das Rollo findet sich häufig im Bereich „Junges Wohnen", Küche oder Bad. Hier wird es wegen seiner einfachen Bedienung und Funktion geschätzt. Es kann außerdem als Projektionswand, Raumteiler und für die Beschattung von Bildschirmarbeitsplätzen genutzt werden. Die maximalen Anlagenmaße sind abhängig von lieferbaren Stoffbreiten und technischen Vorgaben.

2.2. Dekoration und Gestaltung

Fein abgestimmte Farbpaletten, interessante Gewebestrukturen und modische Druckmuster machen das Rollo zu einem dekorativen Gestaltungselement am Fenster. Weitere Gestaltungsmittel sind farbige Abschlüsse, farbiges Zubehör und Schabracken.

3. Montage

Rollos werden häufig an der Wand, der Decke oder in der Nische montiert. Neben den herkömmlichen Rollo-trägern bieten vormontierte Rollos auf Trägerschiene mit Clip-Befestigung variable Montagepunkte.

Zur Befestigung an Kunststoff-Fenstern werden Klemm-/Klebeträger verwendet. Dadurch werden die Fensterprofile nicht beschädigt.

Montage in der Fensternische

Montage vor dem Fenster

Seitenführung: Bei der Montage auf beweglichen Fenster- und Türelementen empfiehlt sich eine seit-liche Verspannung, die durch den Fallstab läuft.

Voraussetzung für die Befestigung eines Rollos ist ein stabiler ebener Untergrund. Fertig vormontierte Rollos auf Trägerprofil gleichen Unebenheiten aus. Das Befestigungsmaterial ist auf den Untergrund abzustimmen.

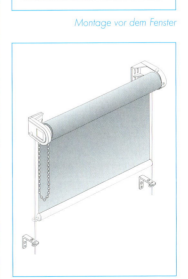

Seitenführung

3.1. Bedienungseinweisung

Zur Aufklärungspflicht gegenüber dem Kunden gehört die Funktionserklärung und Übergabe der Bedienungs- und Pflegeanleitung. Das Herunterziehen des Federzug-Rollos kann beliebig langsam oder schnell erfolgen. Soll das Rollo anhalten, muss man es langsam nach oben führen, und es wird zuverlässig nach 3–5 cm arretieren. Voraussetzung ist eine korrekte Montage des Rollos und die senkrechte Stellung des Rechteckstiftes.

4. Pflege

4.1. Pflege durch den Endverbraucher

Ein Großteil der handelsüblichen Rollostoffe kann abgesaugt oder feucht abgewischt werden. (siehe produktspezifische Pflegeanleitung). Die Rollofeder kann vom Endverbraucher nachgespannt werden. Bei abgelaufener Feder wird das heruntergezogene Rollo ausgehängt, der Stoff mit der Hand ganz aufgewickelt und das Rollo wieder eingehängt. Reicht die Spannung noch nicht aus, wird dieser Vorgang wiederholt.

4.2. Reparatur über den Fachbetrieb

Fachbetriebe bzw. Hersteller können sowohl Rollostoffe als auch Mechanik reparieren oder austauschen.

5. Produktvorteile für den Endverbraucher

Das Rollo bietet farbige und dekorative Flächen, es ist eine wirkungsvolle Ergänzung zu Stoffdekorationen und bietet eine einfache Abdunkelungsmöglichkeit.

Ausgereifte Technik und einfache Bedienung bieten die Grundlage für ein wartungsfreies Produkt.

Jalousie

Jalousie *Übersicht*

Produktbeschreibung

Produktdefinition	Die Jalousie ist ein höhenverstellbarer Behang aus waagerechten Lamellen mit Wendemöglichkeit.
Konstruktions- merkmale	Bestandteile der Jalousie sind:

	Kopfprofil	Aluminium, Stahlblech mit integrierter Technik zum Wenden der Lamellen sowie zum Heben/Senken des Behanges
	Lamellen	konkav/konvex gewölbt, aus Aluminium, in Leiterkordeln eingeschoben
	Unterleiste	aus Alu/Stahlblech, zur Befestigung der Aufzugschnüre/-bänder

Funktionsweise	Schnurzug Seitenzuggetriebe Motor
Modellvarianten	freihängende Anlagen verspannte Anlagen Dachflächenfenster-Anlagen Sonderformen Standard-Lamellenbreiten: 16 mm, 25 mm, 35 mm, 50 mm
Bedienung	Schnurzug/Wendestab Schnurzug/Schnurzug Endloskette Kurbel Elektrobedienung
Material	einbrennlackierte, hochelastische, schlag- und kratzfeste Aluminiumlamellen, Aufzugschnüre/Bänder aus form- und maßstabilem Polyester

▶ **Anwendung**

Die Jalousie dient der Feinregulierung des Lichteinfalls durch Wenden, Heben, Senken: Sichtschutz, Sonnenschutz, Blendschutz, Wärmeschutz, Dekoration, Raumteiler.	**Nutzendefinition**
Im Bereich der Raumausstattung setzt die Jalousie durch große Farbvielfalt, Farbwechsel, mehrere Lamellenbreiten, farbige Leiterkordel/Bänder, Lamellenoberflächen (matt, glänzend, bedruckt, strukturiert, perforiert) dekorative Akzente.	**Dekoration, Gestaltung**
Abhängig von Modell und Lamellenbreiten.	**Systemmaße**
Fenster, Türen, Dachfenster, Abtrennungen in Innenräumen	**Einsatzbereich**

▶ **Montage**

Wand, Decke, Glasfalz, Nische	**Montageart**
Träger, Klemmträger	**Trägersystem**
Stabile, ebene Unterkonstruktion, Befestigungsmaterial je nach Untergrund	**Montagevoraussetzung vor Ort**
Erklärung von Funktion und Pflege	**Bedienung**

▶ **Pflege, Reinigung, Reparatur**

Abstauben und feucht abwischen	**Pflege**
Vertikales Bürsten-Walzen-Verfahren oder Ultraschall-Verfahren	**Reinigung durch den Fachbetrieb**
Austausch der Lamellen und Reparatur der Technik durch einen Fachbetrieb oder den Hersteller	**Reparatur durch den Fachbetrieb**

▶ **Produktvorteile**

Individuelle Licht- und Sichtregulierung, charakteristische Optik, bestimmendes modernes Gestaltungselement, Farbspiele innerhalb eines Behanges	**Für den Endverbraucher**

Jalousie

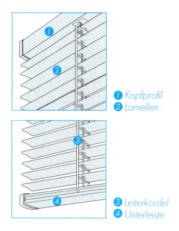

❶ *Kopfprofil*
❷ *Lamellen*

❸ *Leiterkordel*
❹ *Unterleiste*

1. Produktbeschreibung

1.1. Produktdefinition

Die Jalousie besteht aus waagerechten Aluminium-lamellen, die höhenverstellbar und wendbar sind.

1.2. Konstruktionsmerkmale

Im Kopfprofil aus Aluminium oder Stahlblech ist die Technik für den Aufzug und die Wendung einge-baut. Leiterkordeln oder Leiterbänder aus Polyester tragen die waagerecht angeordneten Lamellen. Sie sind zur Stabilität konvex bzw. konkav gewölbt. Lamellen gibt es in 16 mm, 25 mm, 35 mm und 50 mm Breite. Durch die Aufzugschnüre/Aufzug-bänder wird der Behang gehoben und gesenkt.
Leiterkordeln und Aufzugsschnüre sind in der Unter-leiste (aus Aluminium oder Stahlblech) befestigt. Die Unterleiste als Beschwerung gewährleistet den senkrechten Fall und die Wendung des Behanges.

Funktionsweise und Bedienung

Die Funktion der Jalousie besteht im Wenden der Lamellen zur Lichtregulierung oder zum Heben und Senken des Behanges. Die Bedienung erfolgt über Schnur, Getriebe oder Elektromotor.
Das Zusammenspiel von senkrechter Bewegung und Wendung der Lamellen ergibt ideale Lichtlenkungs-möglichkeiten.

1.3. Modellvarianten

Kleines Kopfprofil

Jalousien mit kleinen Kopfprofilen
(ca. 25 mm x 25 mm) werden bis zu einer Fläche
von max. 5 m² gefertigt.

Bei der Schnurzug-Jalousie kann zwischen folgenden
Bedienungsmöglichkeiten gewählt werden:
• Schnurzug und Wendestab
• Schnurzug und Schnurwendung
• Elektrobedienung.
Bei einer Montage auf dem Fensterrahmen wird
diese Ausführung auch mit Seitenführung (Pendel-
sicherung) gefertigt.

Schnurbedienung mit Wendestab

Getriebejalousie

Das Heben, Senken und Wenden erfolgt mit einem
Bedienungselement (Monobedienung):
• Kugelkette
• Kurbel
• Motor
Modellvarianten mit dem kleinen Kopfprofil werden
mit Lamellenbreiten von 16 mm, 25 mm und 35 mm
hergestellt.

Getriebejalousie

Sonderformen:

Giebelanlagen (Slope), Trapeze und Dreiecke werden
als Sonderformen bezeichnet. Diese Jalousien wer-
den mit 16 mm und 25 mm Lamellen hergestellt. Die
Bedienung erfolgt über Schnurzug und Wendestab.
Die Wendung erfolgt auf der ganzen Fläche. Der
Behang kann nur im rechteckigen Bereich bis zur
kleinsten Höhe hochgezogen werden.
Die max. Schräge darf 45 Grad nicht überschreiten.

Giebelanlage (Slope), hier als Trapez

Dachflächen-Jalousie

Dachflächen-Jalousien

Die Dachflächen-Jalousien werden nur mit 35 mm Lamellen hergestellt. Diese Lamellen bieten eine bessere Überlappung und eine höhere Stabilität als 16 mm und 25 mm. Seitenführungsschienen oder Stahlseile halten die Lamelle bei schrägen Fenstern. Die Bedienung erfolgt über Schnurzug und Wendestab, Endlosschnur oder Elektromotor.

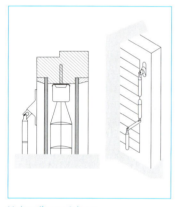

Verbundfenster-Jalousie

Verbundfenster-Jalousie

Die Verbundfenster-Jalousien werden zwischen den Scheiben montiert. Der Abstand zwischen den Scheiben muss bei 25 mm breiten Lamellen mindestens 32 mm und bei 16 mm breiten Lamellen 23 mm betragen. Die Schnurzugbedienung wird durch den Fensterrahmen umgeleitet. Eine biegsame Drehspindel sorgt für die Übertragung der Wendung nach innen. Bei Endlosschnur- und Kurbelbedienung erfolgt die Kraftübertragung über eine biegsame Welle.

Einbau-Jalousie, kleines Kopfprofil

Einbau-Jalousie für Glasfalzmontage

Die Einbau-Jalousie ist ausschließlich für die Montage im Glasfalz geeignet. Sie hat immer eine Pendelsicherung und wird mittels einer Kugelkette bedient. Die Rahmentiefe muss mindestens 19 mm betragen. Gefertigt wird die Jalousie mit 16 mm und 25 mm breiten Lamellen. Eine Blende verdeckt Anschraubpunkte und Mechanik.

Mittleres Kopfprofil

Das mittlere Kopfprofil (ca. 40 mm x 40 mm) eignet sich für die Beschattung einer Fläche bis 10 m². Die Getriebejalousien werden mit 25 mm, 35 mm und 50 mm breiten Lamellen hergestellt. Das Heben, Senken und Wenden der Lamellen erfolgt mit einem Bedienungselement (Monobedienung):

- Endlosschnur
- Kurbel
- Motor

Ausstattung mit Seitenführung möglich (Pendelsicherung).

Getriebe-Jalousie, mittleres Kopfprofil

Großes Kopfprofil

Das große Kopfprofil (ca. 55 mm x 55 mm) eignet sich für Flächen bis max. 20 m². Die Getriebejalousie wird mit 35 mm und 50 mm Lamellen gefertigt. Die Bedienung erfolgt über Monobedienung:

- Schnur
- Kurbel
- Motor.

Eine Ausstattung mit Seitenführung (Pendelsicherung) ist möglich.

Getriebe-Jalousie, großes Kopfprofil

Behang

Lamellen aus Aluminium, einbrennlackiert, hochelastisch, schlag- und kratzfest.
Lamellenbreiten: 16 mm; 25 mm; 35 mm und 50 mm.
Aufzugsschnüre, Leiterkordeln und Leiterbänder sind aus form- und maßstabilem Polyester.

2. Anwendung

2.1. Nutzendefinition

Mit einer Jalousie ist eine feine Licht- und Sichtregulierung möglich. Sie dient als Sichtschutz, Sonnenschutz, Blendschutz, Wärmeschutz, Dekoration und Raumteiler sowohl in Wohn- als auch in Schlafräumen. Bei der Ausstattung von Büro- und Arbeitsräumen, insbesondere Beschattung von Bildschirmarbeitsplätzen sind Jalousien bestens geeignet. Die Modellvielfalt umfasst ein breites Größen- und Anwendungsspektrum.

2.2. Dekoration und Gestaltung

Die große Farbvielfalt, die möglichen Farbwechsel und der Einsatz unterschiedlicher Lamellenbreiten bieten vielfältige Gestaltungsmöglichkeiten. Die waagerechte parallele Linienführung ist ein wichtiges optisches Element. Strukturierte, glänzende, matte, perforierte, zweifarbige und bedruckte Lamellen erweitern die Möglichkeiten, sie werden durch farbiges Zubehör komplettiert.

2.3. Systemmaße

Grundsätzlich gilt, dass schmale Lamellen für kleine Flächen und breitere Lamellen für größere Flächen eingesetzt werden. Bei zunehmender Größe werden unterschiedliche Kopfprofile zur Aufnahme der Mechanik verwendet. Aufgrund der Anlagen-Vielfalt sind die genauen Systemmaße aus den jeweiligen Kollektionen zu entnehmen.

2.4. Einsatzbereich

Jalousien werden an Fenstern, Türen, Dachfenstern und feststehenden Glasflächen montiert, ebenso als Raumteiler und Abtrennungen in Innenräumen.

3. Montage

3.1. Montageart

Jalousien können an der Wand, an der Decke, in einer Nische oder im Glasfalz montiert werden.

Decken/Wandträger
für kleinen Oberkopf

3.2. Trägersysteme

Die Montage erfolgt mit Decken-, Wand- oder entsprechenden Spezialträgern. Klemmträger ermöglichen die Montage ohne Beschädigung des Fenster-/Tür-Flügels. Für größere Wandabstände bieten die Hersteller Winkel in verschiedenen Längen an.

Klemmträger
Kunststofffenster

3.3. Montagevoraussetzung vor Ort

Die Anlagen müssen sowohl an der Decke als auch an der Wand waagerecht montiert werden, um eine einwandfreie Funktion zu gewährleisten. Dabei muss der Untergrund entsprechend stabil und so beschaffen sein, dass das Befestigungsmaterial den notwendigen Halt findet.

Spannwinkel für
Spannschnur

3.4. Bedienungseinweisung vor Ort

Nach erfolgter Montage muss die Anlage vorgeführt und auf ordnungsgemäße Bedienung hingewiesen werden.
Die Montage- und Pflegeanleitung ist dem Kunden zu übergeben.

Träger für
großen Oberkopf

4. Pflege

4.1. Pflege durch den Endverbraucher

Jalousien können abgestaubt oder feucht abgewischt werden.

4.2. Reinigung über den Fachbetrieb

Die Reinigung der Jalousie erfolgt durch autorisierte Fachbetriebe z. B. VDS (Verband Deutscher Sonnenschutzreiniger). Bekannte Verfahren sind die Ultraschall-Reinigung und das Bürsten-Walzen-Verfahren.

4.3. Reparatur über den Fachbetrieb

Austausch der Schnüre und Lamellen, sowie die Reparatur der Mechanik durch den Fachbetrieb bzw. den Hersteller.

5. Produktvorteile

Die Regulierung von Licht und Sicht steht bei der Jalousie im Vordergrund. Jalousien sind dekorativ, zeitlos, bedienungsfreundlich, haben eine wartungsfreie Technik und eine lange Lebensdauer. Viele Lamellenfarben und Lamellenbreiten erhöhen die Gestaltungsmöglichkeiten mit der Jalousie.

Lamellenvorhang

Lamellenvorhang

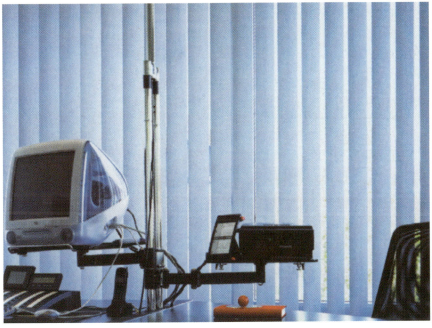

Lamellenvorhang *Übersicht*

Produktbeschreibung

Produktdefinition	Behang aus senkrechten Lamellen mit Wendemöglichkeit – seitlich auf- und zuziehbar
Konstruktionsmerkmale	Bestandteile des Lamellenvorhanges sind:

Oberschiene	Aluminium, mit integrierter Technik zum Wenden der Lamellen sowie zum Auf- und Zuziehen des Behanges
Lamellen	in die Laufwagen der Oberschiene eingehängt
Beschwerungsplatten	im unteren Saum der Lamellen eingeschoben und mit Abstandsketten verbunden

Funktionsweise	Schnurzug/Wendekette Getriebe Motor
Modellvarianten	Freihängende Anlagen Slope-Anlagen Gebogene Anlagen Plafond-Anlagen Standard-Lamellenbreiten 127 mm, 89 mm
Bedienung	Schnurzug/Wendekette Endloskette Stabbedienung Elektrobedienung
Material/Stoffe mit Spezialausrüstung	Baumwolle Polyester Fasergemische Vliese Screen Folien Glasfaser Trevira CS Aluminium

Anwendung

Der Lamellenvorhang dient der Regulierung des Lichteinfalls durch Wenden der Lamellen: Sichtschutz, Sonnenschutz, Blendschutz, Wärmeschutz, Dekoration, Raumteiler.	**Nutzendefinition**
Markante senkrechte Linienführung, Farbe, Druckmuster, Gewebestruktur, Farbwechsel	**Dekoration, Gestaltung**
Abhängig von Modell und Lamellenbreiten	**Systemmaße**
Fenster, Türen, Oberlichter, Abtrennungen in Innenräumen	**Einsatzbereich**

Montage

Wand, Decke, Nische	**Montageart**
Clip-Träger, Winkelträger	**Trägersystem**
Stabile, ebene Unterkonstruktion, Befestigungsmaterial je nach Untergrund	**Montagevoraussetzung vor Ort**
Erklärung von Funktion und Pflege	**Bedienung**

Pflege, Reinigung, Reparatur

Absaugen und feucht abwischen	**Pflege**
Hubmechanisches Tauchbadverfahren durch Fachreinigung	**Reinigung durch den Fachbetrieb**
Austausch der Lamellen und Reparatur der Technik durch einen Fachbetrieb oder den Hersteller	**Reparatur durch den Fachbetrieb**

Produktvorteile

Großflächige Beschattungsmöglichkeiten mit individueller Licht- und Sichtregulierung. Markante senkrechte Linienführung, wartungsfreie bedienungsfreundliche Technik und pflegeleichte Behänge. Farbwechsel innerhalb einer Anlage	**Für den Endverbraucher**

Vertikal Zug

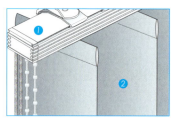

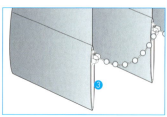

❶ *Oberschiene*
❷ *Lamelle*
❸ *Beschwerungsplatte*

1. Produktbeschreibung

1.1. Produktdefinition

Lamellenvorhänge bestehen aus senkrechten Lamellen, die sich seitlich auf- und zuziehen und wenden lassen.

1.2. Konstruktionsmerkmale

Die Oberschiene aus Aluminium enthält die erforderliche Technik für den Zug und für die Wendung der Lamellen. Die Lamellen werden in die Haken der Laufwagen eingehängt. Beschwerungsplatten im unteren Saum unterstützen die senkrechte Ausrichtung der Lamelle. Sie sind mit Abstandsketten verbunden. Alternativ können die Platten eingeschweißt werden, hier entfallen die Verbindungsketten.

Standardbreiten der Lamellen sind 127 mm und 89 mm.

1.3. Bedienung

Die Bedienung der Lamellenvorhänge erfolgt mit Schnurzug und Wendekette, Endloskette, Kurbel oder Elektro-Motor.

1.4. Modellvarianten

Je nach Fensterform und Einsatzbereich sind folgende Modellvarianten möglich.

Senkrechte Anlagen

Freihängend

Die Anlagen werden durch Schnurzug bzw. Wendekette, Endloskette, Kurbel oder Motor seitlich auf- und zugezogen. Die gebräuchlichste Bedienung erfolgt mit Zugschnur und Wendekette. Eine Endloskette oder eine Kurbel ermöglichen Zug und Wendung mit einem Bedienungs-Element. Die Bedienung kann wahlweise rechts oder links angeordnet sein.

Vertikal mit Oberschiene und freihängenden Lamellen

Gebogen

Die Anlagen können als Erker- oder Torbogen-Anlagen geliefert werden. Sie werden durch Schnurzug bzw. Wendekette, Endloskette, Kurbel oder Motor seitlich auf- und zugezogen.
Eine Endloskette oder eine Kurbel ermöglichen Zug und Wendung mit einem Bedienungs-Element. Bedienung wahlweise rechts oder links. Bei einer Torbogen-Anlage kann das Paket nur zur Mitte gezogen werden.

Vertikal mit horizontal gebogener Oberschiene mit freihängenden Lamellen

Giebel

Die Anlagen werden durch Schnurzug bzw. Wendekette, Endloskette, Kurbel oder Motor bedient.
Die Lamellen werden zur höchsten Stelle gezogen. Bedienung erfolgt wahlweise rechts oder links.

Vertikal mit schräg verlaufender Oberschiene und freihängenden Lamellen

Plafondanlage mit zwei Oberschienen und dazwischen gespannten Lamellen

Plafond-Anlagen

Plafond-Anlagen können durch Schnurzug, Kette oder Motor bedient werden. Die Lamellen werden zwischen parallel laufenden Schienen geführt. Pakete können einseitig, mittig, links bzw. rechts oder symmetrisch verteilt sein.

1.5. Materialien und Stoffe

Die Lamellenstoffe werden aus Baumwolle, Polyester, Fasermischungen, Glasfaser, PVC, Aluminium oder Trevira CS hergestellt. Hauptsächlich finden hier die Grundbindungen wie Leinwand, Rips, Köper und Atlas Verwendung. Es gibt sie unifarben, bedruckt oder als Ausbrenner. Screenstoffe werden aus Glasfaser hergestellt, weiter gibt es noch Folien und Vliese.

Lamellenstoffe bekommen eine spezielle Ausrüstung, damit sie plan, maß- und formstabil sind. Säume für die Aufhängevorrichtung und die Beschwerungsplatten werden thermisch geschweißt, geklebt oder genäht.
Durch Ausrüstungen können die Eigenschaften der Stoffe verschiedenen Anforderungen angepasst werden, z. B. Abdunkelungsbeschichtungen und/oder Reflexionsbeschichtungen. **Perlex**

2. Anwendung

2.1. Nutzendefinition

Lamellenvorhänge eignen sich besonders für die Ausstattung von großen Fenster-Flächen in Wohn-, Schlaf- und Arbeitsräumen. Rechteckige Fenster, Giebelfenster, Fenster-Kombinationen und schwierige Fensterformen können mit Lamellenvorhängen beschattet werden. Durch die Wendung der senkrechten Lamellen ist eine feine Regulierung des Lichteinfalls möglich.

Die Verstellbarkeit und die Qualitätenvielfalt der Lamellen gewährleisten einen optimalen Einsatz bei der Beschattung von Bildschirmarbeitsplätzen.

2.2. Dekoration und Gestaltung

Interessante Gewebestrukturen, fein abgestimmte Farbpaletten, das Spiel mit verschieden farbigen Lamellen innerhalb einer Anlage sind die entscheidenden Gestaltungselemente bei Lamellenvorhängen. Je nach Fenster-Anordnung kann der Lamellenvorhang ein- oder mehrteilig, symmetrisch oder asymmetrisch geplant werden. Die Lamellenpakete können sich links, rechts oder in der Mitte befinden. Bei Tür-/Fensterkombinationen können die Lamellen innerhalb einer Anlage unterschiedlich lang sein.

Bedienung und Paket links

Bedienung und Paket rechts

Bedienung links oder rechts, Paket mittig

Bedienung und Paket links und rechts

Deckenträger

Wandträger

*Träger für Kassetten-
decke*

3. Montage

Die Oberschiene wird unter die Decke oder mit Winkeln an die Wand montiert. Für die Deckenmontage wird am häufigsten der Clip eingesetzt. Für abgehängte Decken ist ein spezieller Träger – siehe Abbildung – entwickelt worden, der nicht geschraubt werden muss. Für die deckenbündige Montage gibt es spezielle Einbauprofile.
Wichtige Voraussetzung für die Befestigung eines Lamellenvorhangs ist eine stabile und ebene Unterkonstruktion. Unebenheiten in der Decke werden durch die Clip-Montage ausgeglichen. Das Befestigungsmaterial ist je nach Untergrund abzustimmen.

3.1. Bedienungseinweisung

Zur Aufklärungspflicht gegenüber dem Kunden gehört die Funktionserklärung und die Übergabe der Bedienungs- und Pflegeanleitung.

4. Pflege

4.1. Pflege durch den Endverbraucher

Der überwiegende Teil der verwendeten Stoffe für die Lamellen kann abgesaugt oder feucht abgewischt werden. Für Lamellen aus Trevira CS ist eine Maschinenwäsche möglich (siehe produktspezifische Pflegeanleitung).

4.2. Reinigung durch den Fachbetrieb

Die Reinigung der Lamellen erfolgt durch autorisierte Fachbetriebe. (VDS=Verband deutscher Sonnenschutzreiniger e.V.), z. B. durch hubmechanisches Waschverfahren.

4.3. Reparatur durch den Fachbetrieb

Das Austauschen der Lamellen sowie die Reparatur der Mechanik kann durch den Fachbetrieb bzw. Hersteller erfolgen.

5. Produktvorteile für den Endverbraucher

Der Lamellenvorhang ist besonders geeignet für große Fensterflächen. Die einfache Bedienung und die stufenlose Sicht- und Lichtsteuerung sind starke Produktvorteile. Die Fülle der Stoffqualitäten, Gestaltungsmöglichkeiten durch Farbenvielfalt der Lamellen und die lange Lebensdauer sind zusätzliche Kriterien für die Auswahl.

Plissee

Produktdefinition	Höhenverstellbarer Behang aus gefaltetem Stoff
Konstruktions-merkmale	Bestandteile des Plissees sind: **Profilschienen** aus Aluminium, zwischen denen der Stoff fixiert ist **Schnüre** werden durch Lochstanzungen im Stoff geführt
Funktionsweise	Schnurzug Getriebe Motor
Modellvarianten	Freihängende Anlage Verspannte Anlagen Dachflächenanlagen Plafond-Anlagen feststehende Anlagen **Sonderformen:** Dreieck Trapez Slope Kreisformen Fünfeckanlagen Sechseckanlagen Standardfaltentiefe: 20 mm
Bedienung	Schnurzug Bedienungsgriff Endloskette Kurbel Elektrobedienung
Material	Polyester Fasergemische Trevira CS alle Stoffe mit Spezialausrüstung

Anwendung

Plissee-Anlagen dienen der flächigen Licht-regulierung mit beliebiger Höhenverstellbarkeit: kleine Pakethöhe, einfache Bedienung, Modell-Vielfalt, speziell für besondere Fensterformen, Sichtschutz, Sonnenschutz, Blendschutz, Abdunkelung, Wärme-/Kälteschutz	**Nutzendefinition**
Mit vielfältigen Stoffpaletten setzen Plissee-Anlagen im Bereich der Raumausstattung durch unterschiedliche Transparenzen, Farben-Vielfalt, Gewebestruktur, Druckmuster und farbige Zubehörteile dekorative Akzente.	**Dekoration, Gestaltung**
Abhängig von Modell und Stoff	**Systemmaße**
Fenster, Türen, Oberlichter, Dachfenster, Glasdächer	**Einsatzbereich**

Montage

Wand, Decke, Nische, Glasfalz	**Montageart**
Clip-Träger, Winkel, Klemmträger	**Trägersystem**
Stabile, ebene Unterkonstruktion, Befestigungsmaterial je nach Untergrund	**Montagevoraus-setzung vor Ort**
Erklärung von Funktion und Pflege	**Bedienung**

Pflege, Reinigung, Reparatur

Abstauben, feucht abwischen, Handwäsche	**Pflege**
Hubmechanisches Tauchbadverfahren durch Fachreinigung	**Reinigung durch den Fachbetrieb**
Austausch des Stoffes und Reparatur der Technik durch einen Fachbetrieb oder den Hersteller	**Reparatur durch den Fachbetrieb**

Produktvorteile

Ideale Kombination von Funktion und Dekora-tion, Problemlösung für Sonderformen, große Farbvielfalt, pflegeleichte Behänge, bedienungs-freundlich, wartungsfreie Technik	**Für den Endverbraucher**

Plissee-Anlage

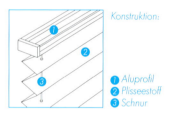

Konstruktion:

① *Aluprofil*
② *Plisseestoff*
③ *Schnur*

1. Produktbeschreibung

1.1. Produktdefinition

Eine Plissee-Anlage besteht aus Profilschienen aus Aluminium, zwischen denen Stoff fixiert ist. Der Stoff ist plissiert (gefaltet) und wird zu einem Paket zusammengeschoben. Das Öffnen und Schließen erfolgt durch Schnüre, die durch Lochstanzungen im Stoff geführt werden.

1.2. Konstruktionsmerkmale

Die Aluminiumprofile sind pulverbeschichtet oder eloxiert. Der Stoff wird auf ein Kederprofil aus Kunststoff geklebt. Diese Kederprofile werden mit dem Stoff in die Aluprofile eingeschoben. Der Stoff hat eine Faltentiefe von 20 mm und ist faltenfest plissiert. Das Öffnen und Schließen erfolgt durch Schnüre, die durch Lochstanzungen im Stoff geführt werden. Bei gespannten Anlagen werden Federn eingebaut.

Funktionsweise und Bedienung
Die verspannte Plissee-Anlage wird am häufigsten eingesetzt. Sie kann stufenlos bewegt und angehalten werden, das Öffnen und Schließen erfolgt durch einen Griff. Weitere Bedienungsvarianten sind: Schnurzug, Getriebe mit Kurbel, Akkustab und Kugelkette sowie Motorbedienung. Die Motoren sind dabei in die Oberschienen eingebaut und werden mit 24 Volt betrieben.

verspannte Anlage

1.3. Modellvarianten

Senkrechte Anlagen

Verspannt
Eingebaute Federn halten den Behang auf Spannung. Die Bedienung erfolgt durch einen Griff, der nach unten oder oben bewegt wird. Bei der Variante ohne fest montierte Ober- und Unterschiene kann der Behang mit zwei Griffen frei von oben nach unten und von unten nach oben bewegt werden.
Als besondere Ausführung sind zwei Behänge (Tag und Nacht) mit unterschiedlichen Stoffen möglich, die beliebig verschiebbar sind.

mit Führungsschiene

Freihängend
Die Anlagen werden durch Schnurzug oder Kettenzug oder Motor durch ihr Eigengewicht bewegt. Die Arretierung erfolgt mit einem Schnurschloss oder Getriebe. Zusätzlich kann eine Pendelsicherung eingesetzt werden.

Dachflächenfenster-Anlagen

freihängende Anlage

Mit Führungsschienen
Bedienung durch Griff. Seitliche Führungsschienen stabilisieren den Stoff in der Schräge und verhindern das Durchhängen. Zusätzlich vermindern sie den seitlichen Lichteinfall.

Mit Spanndrähten
Bedienung durch Griff. Seitliche Spanndrähte stabilisieren den Stoff in der Schräge und verhindern das Durchhängen.

Anlage mit Spanndrähten

Senkrechte Sonderformen

Freihängend
Sonderformen: Giebelanlagen (Slope) und Dreiecke. Sie werden mit Schnurzug bedient und mit einem Schnurschloss arretiert.

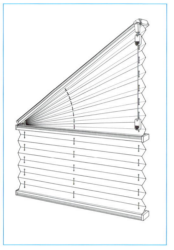

freihängende Sonderform

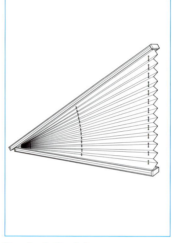

feststehende Sonderform

Feststehend
Sonderformen als Dreiecke, Trapeze, Halb- und Viertelkreise.

Beweglich
Verspannte Sonderformen als Dreiecke, Trapeze oder Vielecke. Die Bedienung erfolgt mit Griff oder Kurbel bzw. Akkustab, auch als Schnurzug-Bedienung möglich.

bewegliche Sonderform

Plafond und Wintergarten-Anlagen
Standardformen mit Spanndrähten
Bedienungsvarianten: Schnurzug, Griff, Kurbel, Bedie-
nungsstab und Elektromotor. Durch den Einsatz im
Deckenbereich und in Wintergärten werden im
Abstand von ca. 30 cm mit schwarzem Kunststoff
ummantelte Stahldrähte eingesetzt (UV-beständig).
Diese Spanndrähte stabilisieren den Stoff in der
Schräge und verhindern das Durchhängen.

Sonderformen mit Spanndrähten
Gespannte Sonderformen
Dreiecke, Trapeze oder Vielecke. Die Bedienung
erfolgt mit Griff oder Kurbel bzw. Bedienungsstab.
Durch den Einsatz im Deckenbereich und in Winter-
gärten werden im Abstand von ca. 30 cm mit schwar-
zem Kunststoff ummantelte Stahldrähte eingesetzt
(UV-beständig) Diese Spanndrähte stabilisieren den
Stoff in der Schräge und verhindern das Durch-
hängen.

1.4. Material

Plissiert werden können nur Stoffe aus Chemie-
fasern, die thermofixierbar sind, wie z. B. Polyester,
Trevira CS, Acetat oder Mischgewebe. Die Standard-
Faltentiefe beträgt bei Plissees 20 mm.
Durch Ausrüstungen können die Eigenschaften der
Stoffe den verschiedenen Anforderungen angepasst
werden, z. B. Abdunklungsbeschichtungen und/oder
Reflexionsbeschichtungen.

Perlex

Standardform mit Spanndrähten

Gespannte Sonderform

2. Anwendung

2.1. Nutzendefinition

Plissee-Stoffe von transparent bis zur Abdunklung gibt es in uni, bedruckt, als Jacquard, Crash, Ausbrenner und Satin. Sie lassen sich einfach pflegen. Die leichte Bedienung ist ein wesentlicher Vorteil der Plisseeanlagen. Sie sind ideal für kleinere und mittlere Fensterflächen. Die Montage der Plissees mit Clips, Spannschuhen und Klemmträgern ist einfach. Die filigrane Technik durch kleine Aluprofile und 20 mm Faltentiefe ist oft die beste Möglichkeit für Falzmontage. Plissee bietet die größte Vielfalt an Sonderformen.

2.2. Dekoration und Gestaltung

Der textile Behang der Plissee-Anlagen stellt den wohnlichen Charakter in den Vordergrund und vermittelt behagliches Ambiente. Plisseestoffe sind unterschiedlich transparent, sie sind in vielen Farben und Dessins erhältlich und lassen sich gut mit anderen Dekorationen kombinieren.

Der besondere Reiz von Plissee liegt in der dreidimensionalen Oberflächen-Optik. Sie verleiht den Farben und Mustern besondere Ausdruckskraft und Wirkung.

2.3. Einsatzbereich

Plissee-Anlagen werden an Fenstern, Türen, Dachfenstern, Glasdächern, Wintergärten, Oberlichtern und feststehenden Glasflächen montiert. Sie sind wegen ihrer Kombination von Stabilität und Flexibilität ideale Sonnenschutz-Anlagen für individuelle Fensterformen. Wegen der geringen Systemabmessungen werden sie im Fensterfalz oder auf den Rahmen montiert.

3. Montage

3.1. Montageart

Plisseeanlagen können an der Wand, an der Decke oder in einer Nische montiert werden. Zudem eignen sich diese Anlagen besonders für die Montage in den Glasfalz. Für den Montageabstand zum Glas sind die entsprechenden Hinweise der System-Hersteller zu beachten.

3.2. Trägersysteme

Die Montage erfolgt mit Decken-, Wand- oder entsprechenden Spezialträgern. Klemmträger ermöglichen die Montage ohne Beschädigung des Rahmens. Für größere Wandabstände bieten die Hersteller Winkel in verschiedenen Längen an.

Wandträger

Spanndrahtwinkel

Deckenträger

Klemmträger für Spanndraht

Klemmträger für Oberschiene

Pflegehinweise

Plissee-Vorhänge sind staubabweisend. Staub entfernen Sie am besten durch leichtes Abbürsten. Regelmäßige Bedienung gewährleistet die dauerhafte Faltenstabilität. Schienen und Technik sind wartungsfrei. Plissee-Vorhänge können sehr einfach gereinigt werden. Die Symbole finden Sie auf den Kollektionskarten.

 Den Plissee-Vorhang ganz einfach aus den Trägern lösen. Komplett mit den Schienen in einer ca. 30° warmen Feinwaschmittellauge schwenken. Ca. 15 Minuten einweichen lassen, anschließend kurz mit klarem Wasser ausspülen, das Stoffpaket zusammenfalten und das Wasser ausdrücken. Die Anlage feucht aufhängen und im geschlossenen Zustand trocknen lassen. Nicht bügeln! HINWEIS: Bei Elektro- und Kurbelanlagen dürfen die mechanischen Teile nicht in Lauge oder Wasser gelangen. Empfehlenswert ist es, einen Fachbetrieb mit der Reinigung dieser Plissee-Vorhänge zu beauftragen.

 Plissee-Vorhänge mit diesem Symbol sind nicht waschbar. Schmutzflecken können durch behutsames Reiben mit einem feuchten Tuch entfernt werden.

Bitte beachten Sie:

Plissee-Vorhänge sind Qualitätsprodukte. Farbabweichungen oder Gewebeunterschiede sind trotz ausgereifter Produktions- und Verarbeitungstechnik möglich und daher kein Reklamationsgrund.

Für Fensterrahmen und Glas dürfen keine scharfen bzw. alkalischen Reinigungsmittel verwendet werden, die mit der Anlage direkt oder indirekt (Schwitzwasser) in Verbindung kommen. Bei unzureichender Be- und Entlüftung kann es zu Kondenswasserbildung kommen.

Weitere Hinweise entnehmen Sie den Einsatzempfehlungen im Technikteil.

3.3. Montagevoraussetzung vor Ort

Die Anlagen müssen sowohl an der Decke als auch an der Wand waagerecht montiert werden, um eine einwandfreie Funktion zu gewährleisten. Dabei muss der Untergrund entsprechend stabil und so beschaffen sein, dass das Befestigungsmaterial den dafür notwendigen Halt findet.

3.4. Bedienungseinweisung vor Ort

Nach erfolgter Montage müssen die Anlagen dem Nutzer vorgeführt werden. In diesem Zusammenhang wird auf die ordnungsgemäße Bedienung hingewiesen. Die Montage- und Pflegeanleitung ist dem Kunden zu übergeben.

4. Pflege

4.1. Pflege durch den Endverbraucher

Plisseeanlagen können von Hand gereinigt bzw. gewaschen werden. Dies hängt von der Größe der Anlage bzw. der Ausstattung (z. B. Elektro-Motor) ab.

4.2. Reinigung über den Fachbetrieb

Die Reinigung der Lamellen erfolgt durch autorisierte Fachbetriebe. (VDS=Verband deutscher Sonnenschutzreiniger e.V.), z. B. durch hubmechanisches Waschverfahren.

4.3. Reparatur über den Fachbetrieb

Austausch der Schnüre oder Stoffe, sowie die Reparatur der Mechanik durch den Fachbetrieb/Hersteller.

5. Produktvorteile für den Endverbraucher

Plissee-Anlagen sind eine ideale Kombination von Funktion und Dekoration. Die Verbindung von Modell-Vielfalt und einer attraktiven Stoff-Palette machen sie besonders interessant.

Die Stoffe bieten durch eine Vielzahl von Eigenschaften viele Lösungen für Dekoration, Beschattung, Abdunklung, Wärme-Regulierung und für besondere Belastungen an sonnenexponierten Fenstern. Eine Vielzahl von Sonderformen stehen für außergewöhnliche Anforderungen zur Verfügung, z. B. für Wintergarten-Beschattungen, Giebelfenster und Bildschirm-Arbeitsplätze. Plissee-Anlagen sind einfach durch Handgriff, Schnurzug, Stab oder Motor zu bedienen.

Flächenvorhang

▶ Produktbeschreibung

Produktdefinition	Der Flächenvorhang besteht aus glatten Stoffbahnen, die mit einem Schienensystem hin- und hergeführt werden.
Konstruktions- merkmale	Bestandteile des Flächenvorhangs sind:

Schienensystem	aus Aluminium, mindestens zweiläufig
Paneel-/Laufwagen	aus Aluminium oder Kunststoff mit Klettband
Stoffbahnen	mit Klettband am Paneel- wagen befestigt
Saum	unterer Abschluss mit ein- geschobenem Beschwe- rungsprofil aus Aluminium

Funktionsweise	Schleuderstab Schnurzug Motor
Modellvarianten	Gerade Anlagen Horizontal gebogene Anlagen
Bedienung	Schnurzug Schleuderstab Elektrobedienung
Material	Baumwolle Leinen Viskose Polyester Fasergemische Vliese Screen Glasfaser Trevira CS

▶ Anwendung

Der Flächenvorhang dient der flächigen Lichtregulierung durch seitliche Verschiebbarkeit: Sicht- und Blendschutz für große und mittlere Fensterflächen oder Raumteiler, leichter Behangwechsel	**Nutzendefinition**
Im Bereich der Raumausstattung setzt der Flächenvorhang durch Farbe, Gewebestruktur, Druck-muster und als Ausbrenner dekorative Akzente. Unterschiedliche Transparenzen ergeben sich aus der Überlagerung der einzelnen Stoffbahnen.	**Dekoration, Gestaltung**
Mittlere bis größere Flächen, Paneelwagen bis 120 cm, mindestens 5 cm Überlappung der Paneel-wagen	**Systemmaße**
Fenster, Türen, Raumtrennung	**Einsatzbereich**

▶ Montage

Wand, Decke, Nische	**Montageart**
Spannriegel, Clip-Träger, Wandwinkel in unter-schiedlichen Ausladungen	**Trägersystem**
Stabile, ebene Unterkonstruktion	**Montagevoraus-setzung vor Ort**
Erklärung von Funktion und Pflege	**Bedienung**

▶ Pflege, Reinigung, Reparatur

Absaugen und abwischen, waschen, reinigen	**Pflege**
Reinigungen	**Reinigung durch den Fachbetrieb**
Austausch des Stoffes und Reparatur der Technik durch einen Fachbetrieb oder den Hersteller	**Reparatur durch den Fachbetrieb**

▶ Produktvorteile

Dekoratives, großflächiges, glattes Erscheinungs-bild, pflegeleicht, bedienungsfreundlich, leichter Behangwechsel, wartungsfrei	**Für den Endverbraucher**

1. Produktbeschreibung

1.1. Produktdefinition

Der Flächenvorhang besteht aus glatten Stoffbahnen, die mit einem Schienensystem hin- und hergeführt werden.

Schienenquerschnitte:

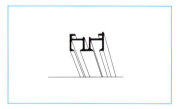

zweiläufig

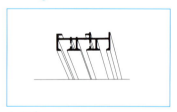

dreiläufig

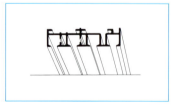

vierläufig

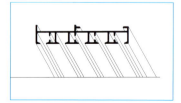

fünfläufig

1.2. Konstruktionsmerkmale

Die zwei- bis fünfläufigen Schienenprofile bestehen aus Aluminium, die beliebig miteinander kombinierbar sind (z. B. 3 + 4 = 7 läufig). Die Paneelwagen werden aus Kunststoff oder Aluminium mit aufgebrachtem Klettband gefertigt.
Die maßgenau konfektionierten Stoffbahnen werde am oberen Ende mit einem Flauschband versehen und am Paneelwagen befestigt.
Den unteren Abschluss bildet ein Saum mit eingeschobenem Beschwerungsprofil aus Aluminium. Die Stoffbahnen sollten mindestens 5 cm überlappen, um eine Ein- oder Durchsicht an den Stoßstellen zu verhindern.

Funktionsweise und Bedienung
Die Paneelwagen werden in den Läufen der Alu-Schiene geführt. Zurückgezogen sind die Paneelwagen hintereinander angeordnet. Die an den Paneelwagen angebrachten Mitnehmerwinkel ziehen die nachfolgenden Paneelwagen mit. Die Bedienung kann mit Schleuderstab, Schnurzug oder Motor erfolgen.

1.3. Modellvarianten

Modellübersicht der Flächenvorhänge

Gerade Anlagen

**Frei verschiebbare Paneelwagen
ohne Mitnehmerwinkel**
Alle Stoffbahnen werden unabhängig voneinander mit dem Schleuderstab bewegt.

**Paneelwagen mit Mitnehmerwinkel und
Schleuderstab, Schnurzug oder Elektrozug**
Der hintere Paneelwagen dient als Zugwagen und nimmt die nächsten Paneelwagen mit.

Horizontal gebogene Anlagen

Paneelwagen mit Mitnehmerwinkel, Schleuderstab, Schnurzug oder Elektrozug
Mindest-Biegeradius 100 cm
Nur zwei und dreiläufige Profile (kombinierbar).

1.4. Material

Stoffe für Flächenvorhänge können aus den verschiedensten Fasermaterialien hergestellt sein, rein oder in Mischungen. Alle Grundbindungen und Ableitungen finden hier Verwendung, und zwar uni, blickdicht, transparent, bedruckt, Ausbrenner, Screenstoffe, Folien und Vliese.

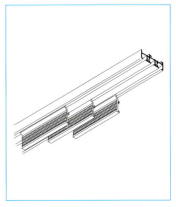

Paneelwagen frei verschiebbar

mit Mitnehmerwinkel und Schleuderstab

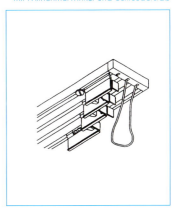

Schnurzug mit Mitenhmerwinkel

2. Anwendung

2.1. Nutzendefinition

Der Flächenvorhang ist eine zusätzliche Möglichkeit der Stoff-Dekoration am Fenster. Auch kann man ihn als Sicht- und Blendschutz für mittlere und große Fensterflächen einsetzen.

Die Stoffbahnen lassen sich nach Wunsch des Benutzers verschieben. Die leichte Bedienbarkeit und das problemlose Abnehmen der Stoffbahnen sind weitere Produktvorteile.

2.2. Dekoration und Gestaltung

Die glatten, ebenen und geradlinigen Flächen des Flächenvorhanges bringen Stoffstrukturen, Farben und Webarten besonders deutlich zur Geltung. Die Verschiebbarkeit der Paneele ermöglicht ein wirkungsvolles Spiel mit Licht und Schatten.

Die Bahnenbreite kann als Gestaltungselement abhängig vom Stoffmuster verwendet werden. Druck-Muster, Unis und Strukturen können in einer Anlage kombiniert werden.

2.3. Systemmaße

Die Anlagenbreite wird durch die lieferbare Profillänge bestimmt, mit Schienenverbindern kann man sie vergrößern. Die Anzahl der Läufe wird durch die Wahl der verschiedenen Profile bestimmt. Die Höhe ergibt sich aus der Länge der Stoffbahnen.

Die empfohlene Paneelwagenbreite liegt zwischen 60 cm und 120 cm, abhängig von der Stoffauswahl. Eine Mindestüberlappung der einzelnen Paneele von 5 cm gewährleistet eine ordnungsgemäße Funktion.

2.4. Einsatzbereich

Flächenvorhänge sind eine Alternative zu anderen Stoffdekorationen. Sie eignen sich besonders zur Dekoration mittlerer und großer Tür- und Fensterflächen.

3. Montage

3.1. Montageart

Flächenvorhänge können an der Wand, der Decke und in der Nische montiert werden.

3.2. Trägersysteme

Die Deckenbefestigung erfolgt mit Spannriegeln oder Cliptträgern. Für die Wandmontage sind Wandwinkel in verschiedenen Längen erhältlich.

3.3. Montagevoraussetzung vor Ort

Bedingung für einen leichten Lauf der Paneelwagen ist die Montage auf einer stabilen, ebenen Unterkonstruktion.

3.4. Bedienungseinweisung vor Ort

Nach der Montage müssen die Anlagen dem Nutzer vorgeführt werden. In diesem Zusammenhang ist auf die ordnungsgemäße Bedienung zu verweisen. Die Montage- und Pflegeanleitung ist dem Kunden zu übergeben.

4. Pflege

4.1. Pflege durch den Endverbraucher

Die Stoffe können leicht von den Paneelwagen abgenommen und je nach Stoffqualität gewaschen oder gereinigt werden. Ebenso können die Stoffe abgesaugt, abgestaubt oder feucht abgewischt werden. Nach der Reinigung werden die Stoffbahnen wieder an die Paneelwagen geheftet.

4.2. Reinigung über den Fachbetrieb

Die Reinigung der Stoffe erfolgt nach Waschanleitung für die jeweilige Qualität oder durch Fachbetriebe, z. B. den VDS (Verband Deutscher Sonnenschutzreiniger).

4.2. Reparatur über den Fachbetrieb

Der Austausch der Stoffe sowie die Reparatur der Technik kann durch Fachbetriebe bzw. den Hersteller erfolgen.

5. Produktvorteile

5.1. Für den Endverbraucher

Der Flächenvorhang ist eine zusätzliche attraktive Möglichkeit der Stoffdekoration am Fenster. Durch die seitliche Verschiebemöglichkeit und die Stoffüberlagerungen gibt es interessante Gestaltungsvarianten.
Die leichte Bedienbarkeit und das problemlose Abnehmen der Stoffbahnen sind weitere Produktvorteile.

Technik

1. Elektrosteuerung

Alle Produktgruppen – Plissee, Rollos, Lamellenanlagen, Flächenvorhänge und Jalousien – können auch als elektrobetriebene Systeme eingesetzt werden. Die jeweilige Bedienung erfolgt über Taster, Schalter, Fernbedienung, Sonnenwächter, Temperaturwächter, Zeitautomatik etc. Der Kunde hat die Möglichkeit einer Einzel- oder Gruppensteuerung. Hierzu sind gegebenenfalls diverse Zusatzgeräte erforderlich. Generell gilt für die einzelnen Produktgruppen Folgendes:

Plisseesysteme und Jalousien werden ausschließlich nur mit 24/16-Volt Motoren betrieben. Das heißt, dass die Spannung von 230 Volt über einen Transformator auf 24/16 Volt umgewandelt werden muss. Eine einzelne Anlage wird mit einem Trafo bedient, während mehrere Anlagen mit einer Gruppensteuerung gesteuert werden können, in der die Trafos bereits integriert sind.

Bei den Rollos unterscheiden wir zwischen 24- und 230-Volt-Motoren, bei den Lamellenanlagen dagegen werden nur 24-Volt-Motoren eingesetzt.

Im Normalfall werden diese Anlagen mit einem Schalter oder mehreren Tastern bedient. Wenn lediglich eine einzelne Anlage von einer Schaltstelle aus bewegt werden soll, verwendet man einen Rastschalter. Dieser wird gedrückt und der Motor läuft dann so lange, bis er seine eingestellte Endposition erreicht. Sind mehrere Schaltstellen erwünscht, müssen Taster verwendet werden. Diese Taster müssen so lange gedrückt werden, bis die Endpositionen erreicht werden. Sollen mehrere Anlagen wahlweise einzeln und gemeinsam angesteuert werden, sind Gruppensteuergeräte erforderlich, welche die Motoren voneinander trennen und den Stromrückfluss verhindern.

Immer stärker steigt die Nachfrage nach BUS-fähigen Motoren, die zunehmend in Neubauten zum Einsatz kommen. Bei einer BUS-Steuerung werden Steuergeräte programmiert, die den Motoren Befehle erteilen, wann und wie sie funktionieren sollen. Dabei wird eine zweiadrige Schwachstromleitung im Haus verlegt, die ihrerseits über sogenannte Knoten mit den zu steuernden Elektromotoren verbunden wird. Vor diesen Motoren (Kühlschrank, Fernseher, Jalousie, Heizung, Rolladen etc.) stehen diese entsprechend programmierten Steuergeräte. Der Verbraucher bestimmt, welche Geräte er zu welcher Zeit steuern möchte. Bei der „Gute Nacht"-Schaltung beispielsweise programmiert er Rolläden, Heizung, Außenbeleuchtung etc. so, dass auf Knopfdruck alle diese Geräte ihre individuelle, vordefinierte Funktion erfüllen. Der Verbraucher muss nicht mehr jedes Gerät einzeln betätigen, weil dies die BUS-Steuerung übernimmt. Ein weiterer Vorteil besteht darin, dass über ein Display (Computer) immer eine Rückmeldung erfolgt. Bei Änderungswünschen muss die Ansteuerung lediglich umprogrammiert werden. Ein weiterer Komfort besteht darin, dass der Nutzer diese Funktionen mit dem Handy und/oder per Internet auch fernsteuern oder überwachen kann. Momentan werden BUS-Steuerungen überwiegend im Objektbereich eingesetzt.

Die Hersteller liefern zu ihren Systemen die entsprechenden Anschlusspläne und Motordaten. Bei größeren Installationen werden diese Schaltpläne in einem Ingenieurbüro erstellt. Alle Motoreinstellungen kann der Raumausstatter vor Ort selbst durchführen. Die Motoren sind zwar von den Herstellern bereits eingestellt, doch sind oft noch kleine Korrekturen notwendig.

Vorteile für den Endverbraucher:
Bedienungskomfort, Funktion der Systeme auch bei Abwesenheit

Technik

24-Volt-Motoren

Produktgruppen

- Plissee
- Jalousie
- Rollo
- Lamellenanlagen

Bedienung

immer mit Transformator
- Einzelsteuerung
- Gruppensteuerung mit Schalter, Taster

Automatikgeräte

- Fernbedienung Infrarot/Funk
- Sonnenwächter
- Temperaturfühler
- Zeitschalter

Endschaltereinstellung

Plissee: Werk
Jalousie: Werk
Rollo: Werk / Bauseits

Wartung

Plissee: Werk
Jalousie: Werk / vor Ort
Rollo: Werk / vor Ort

230-Volt-Motoren

Produktgruppen

- Rollo
- Lamellenanlagen
- Flächenvorhang

Bedienung

- Einzelsteuerung
- Gruppensteuerung mit Schalter, Taster

Automatikgeräte

- Fernbedienung Infrarot/Funk
- Sonnenwächter
- Temperaturfühler
- Zeitschalter

Endschaltereinstellung

Rollo: Werk / vor Ort
Lamellen: Werk / vor Ort

Wartung

Rollo: Werk / vor Ort
Lamellen: Werk / vor Ort

2. Ausmessen

Allgemeine Hinweise

Maße und Skizzen werden stets erstellt aus der Sicht von innen nach außen, in Richtung des Fensters gesehen. Bei Deckenanlagen gilt immer Untersicht. Maße sind immer vor Ort zu nehmen. Maßübernahmen aus Bauzeichnungen oder Skizzen können Fehlerquellen bergen. Sofern nichts anderes vermerkt ist, gelten die Bestellmaße als Fertigmaße der Anlage.

1. Montage vor der Fensternische
2. Montage in der Fensternische
3. Montage auf den Fensterrahmen
4. Glasfalz-Montage
6. Dachflächenfenster
7. Sonderformen

1. Rollo
2. Jalousie
3. Lamellenvorhänge
4. Plissee
5. Flächenvorhang

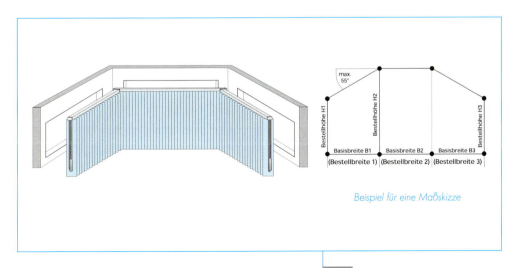

Beispiel für eine Maßskizze

Technik

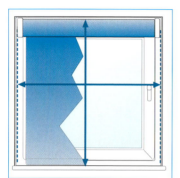

Aufmaß vor dem Fensterflügel

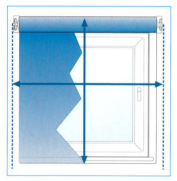

Aufmaß vor dem Fenster

3. Montage

3.1. Montage vor der Fensternische

Festlegung der Bestellbreite:
Ausgehend von der Nischenbreite plus gewünschten Überstand, mind. 10 cm

Festlegung der Bestellhöhe:
Ausgehend von der Nischenhöhe plus gewünschten Überstand oben und unten (Platzbedarf für Paket beachten).

Zu beachten:
Pakethöhe/Paketbreite, vorstehende Hindernisse wie Fensterbank, Griffe, Beschläge

3.2. Montage in der Fensternische

Festlegung der Bestellbreite:
Lichte Nischenbreite minus 1 cm als Spielraum für die Handhabung beim Einbau.

Festlegung der Bestellhöhe:
Lichte Nischenhöhe

Zu beachten:
Das Breitenmaß ist mindestens an 3 Stellen zu kontrollieren (Oben, Mitte, Unten), das kleinste Maß ist entscheidend.

3.3. Montage auf den Fensterrahmen

Festlegung der Bestellbreite:
Glasbreite plus gewünschten Überstand

Festlegung der Bestellhöhe:
Glashöhe plus gewünschten Überstand

Zu beachten:
Pakethöhe, Öffnen des Fensterflügels, vorstehende Hindernisse, Fenstergriffe, Anlagen-Tiefe, Trägerbefestigung. Seitenführung empfehlenswert.

Für Kunststofffenster stehen Klemmträger zur Verfügung, die kein Vorbohren und Schrauben notwendig machen.

Montage auf dem Fensterrahmen

3.4. Glasfalz-Montage

Festlegung der Bestellmaße:
Rechtwinkliger Glasfalz: Lichte Glasbreite/Höhe minus 5 mm Abzug insgesamt.
Schräger Glasfalz: lichte Glasbreite/Höhe ohne Abzug

Zu beachten:
Glasfalz-Tiefe/Montage, Pakethöhe, Öffnen des Fensterflügels, vorstehende Hindernisse, Fenstergriffe, Anlagen-Tiefe, Trägerbefestigung. Seitenführung empfehlenswert.

Glasfalz-Montage

3.5. Nischen-Montage

Für die seitliche Befestigung in der Nische gibt es für jeden Sonnenschutz-Artikel besondere Träger, die unterschiedliche Breitenabzüge erfordern.

Technik

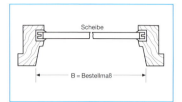

Flügellichtmaß Rahmenvorderkante

Trapez-Sonderform

3.6. Dachflächenfenster

Für die Bestellung ist grundsätzlich die Typenbezeichnung notwendig. Zur Sicherheit ist das Flügellichtmaß, an der Rahmenvorderkante gemessen, hilfreich. Gegebenenfalls sind die Rahmenformen anzugeben (gerade, schräg, gerundet).

3.7. Sonderformen

Als Bestellangaben werden unterschiedliche Maße und Angaben gefordert. Die Bestellmaße sind die Umrissmaße, die genauen Anlagenmaße werden werkseitig ermittelt.
Eine Skizze ist immer hilfreich, auch Schablonen sind als Maßübermittlung möglich. Sonderformen gibt es je nach Artikelgruppe als Drei- oder Vielecke, runde oder gebogene Formen und in Erker-Kombination.

Giebelanlagen
Als Maßangaben werden beide Höhen und die Basisbreite benötigt. Die Schräge kann als Kontrollmaß angegeben werden.

Dreiecke oder Vielecke:
Seitenmaße, Winkelangaben, eventuell durch Hilfslinien und Kontrollmaße sichern. Bei runden oder gebogenen Formen werden für gleichmäßige Formen Radius- und Winkelangaben benötigt. Schablonen sind auch hier hilfreich.

Erker
Als Grundlage wird stets die Angabe der Wandmaße und Wandabstände benötigt. Gegebenenfalls sind Hilfslinien und Kontrollmaße erforderlich.

4. Produktspezifische Hinweise

Rollo

Die Stoffbreite des Rollos ist systemabhängig schmaler als die Anlagenbreite. Dies ist beim Ausmessen zu berücksichtigen.

Ab einer bestimmten Höhe – abhängig von der Warenbreite – hat der Stoff eine Quernaht. Bei der Nischenmontage wird stets das lichte Nischenmaß mit entsprechendem Vermerk als Bestellmaß angegeben. Der Hersteller fertigt die Anlage passend an.

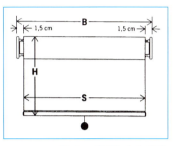

Breite und Höhe beim Rollo

Jalousie

Beim Aufmaß ist der Platzbedarf für die Pakethöhe zu berücksichtigen. Die Montage in den Glasfalz erfordert eine Mindesttiefe für das jeweilige Kopfprofil incl. Träger. Für Glasfalze gibt es besondere Ausführungen für den Einbau. Die Jalousie sitzt hierbei im Glasfalz, die Befestigung erfolgt auf dem Fensterrahmen bzw. -flügel. Bestellangaben sind Glasmaße ohne Abzüge, sowie die Rahmenform.

Für Verbundfenster-Jalousien werden die inneren Glasmaße benötigt. Zusätzlich ist die Erlaubnis zum Anbohren des Rahmens einzuholen.

Bei Verbundfensterjalousien ist ein Mindest-Glasabstand von 3 cm erforderlich. Jalousien in Giebel-Form werden mit maximal 45° Neigung gebaut. Die Lamellen lassen sich in der Gesamtfläche wenden, der rechteckige Behang ist höhenverstellbar. Bedingt durch den Neigungswinkel entsteht an der hohen Seite eine dreieckige Öffnung, die nicht durch Lamellen abgedeckt wird.

Maßangaben bei geraden Anlagen

Maßangaben bei Slope-Anlagen

Maßangaben bei Plafondanlagen

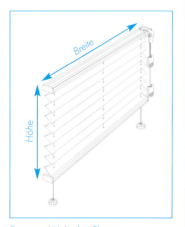

Breite und Höhe bei Plissee

Lamellenvorhänge

Bei Lamellenvorhängen sind der Wandabstand, die Bodenfreiheit, die Anordnung des Lamellenpaketes sowie die Paketbreite zu beachten.

Bei Schräganlagen werden die Lamellen grundsätzlich zur großen Höhe bewegt. Abhängig vom Neigungswinkel werden unterschiedlich lange SLOPE-Haken zum Abhängen der Lamellen eingesetzt. (Lichteinfall zwischen Kopfprofil und Lamellen-Oberkante beachten).

Bei Plafond-Anlagen wird die Schienenlänge als Breite gerechnet, die Höhe wird in Lamellenrichtung gemessen. Die Anlage muss rechtwinklig sein, die Schienen müssen parallel montiert werden.

Bei horizontal gebogenen Anlagen (Erker) werden ausgehend von den Endpunkten einer Hilfslinie die Abstände zur Wand gemessen. Zielpunkte an der Wand werden vorher im gleichen Abstand festgelegt. Bei gebogenen Lamellen-Anlagen (Torbogen) werden alle vorhandenen Höhen aufgenommen. Je nach Originalform kann der Bogen als Schablone oder mit vielen Abstandsradien gemessen werden, ähnlich dem runden Erker. Das Lamellenpaket wird immer zur hohen Seite geführt, z. B. auch zur Anlagenmitte.

Plissee

Plissees eignen sich besonders für Sonderformen. Grundsätzlich müssen hierfür die lichten Maße angegeben werden. Wie bei anderen Sonderformen sollten Vielecke durch Kontrollmaße in Dreiecke aufgeteilt werden. Plissee-Giebelanlagen können bis zu einer Neigung von 60° gefertigt werden. Der Behang lässt sich nach oben und in die Schräge ziehen. Bei Plafond- oder Wintergarten-Anlagen sind die lichten Maße erforderlich. Ausreichende Hinterlüftung wird einerseits durch einen Abstand zwischen Scheibe und Behang von mindestens 10 cm erreicht. Zusätzlich kann man einen Abstand von 5 cm zwischen Plissee-Profilen und Wintergarten-Rahmen planen. Hierbei werden auch besondere Profile eingesetzt, die die Montage erleichtern.

Flächenvorhang

Bestimmungsfaktoren beim Flächenvorhang sind Anlagenbreite und Anzahl der Paneele. Daraus resultieren die Breiten der Paneelwagen und Stoffe. Die empfohlene Überlappung der Stoffbahnen beträgt mindestens 5 cm. Auf Bodenfreiheit muss geachtet werden. Anlagenhöhe ist Oberkante Profil bis Unterkante Stoff. Aus der Anlagenbreite und der Breite der Stoffbahnen/Paneele errechnet sich die Anzahl der Schienenläufe. An Bedienmöglichkeiten stehen Schleuderstab mit oder ohne Mitnehmerwinkel, Schnurzug und Elektroantrieb zur Auswahl.

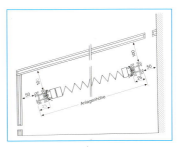

Montageabstand bei Wintergartenbeschattung

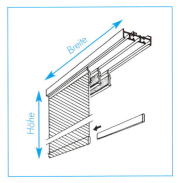

Breite und Höhe beim Flächenvorhang

Stichwortverzeichnis

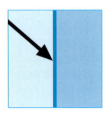

Absorption

Absorption

kommt aus dem lateinischen und bedeutet „in sich aufnehmen", also eine Schwächung der Strahlung. Beim Sonnenschutz bezeichnet der Absorptionswert den Teil der Lichtenergie, der vom Gewebe aufgenommen, das heißt nicht hindurch gelassen wird. Die absorbierte Lichtenergie wird in der Regel in Wärme umgewandelt.

Alubedampfung

Rollostoffe mit Aluminiumbedampfung sind seit circa 20 Jahren auf dem Markt. Die Beschichtung besteht aus Aluminium-Pigmenten und wird auf der Warenrückseite aufgebracht.

Alkalische Reinigungsmittel

Der pH-Wert gibt zur Einteilung in Säuren und Basen (Alkalisch/Laugen) auf einer Skala von 0 bis 14 das Ausmaß von „sauer" oder „basisch" an. Eine neutrale Lösung hat einen pH-Wert um 7, eine Säure von unter 7 bis 0 und eine Base von 7 bis 14.

Arretierung

Sperrvorrichtung an technischen Geräten, wie z. B. Schnurschloss bei einer Jalousie.

Ausrüsten

heißt, der Rohware das gewünschte Aussehen und die Eigenschaften zu geben und in einen gebrauchsfähigen Zustand zu bringen. Zu den Ausrüstungen zählen die Vorbehandlungen, wie z. B. Merceresieren und Thermofixieren, das Färben und Drucken, mechanische Veredelungsgänge wie z. B. Kalandern, Prägen und Crashen, und chemische Veredelungen wie z. B. flammenhemmende und Fleckschutz-Ausrüstung.

Blendung

Überforderung des menschlichen Auges durch direkt einstrahlendes Sonnenlicht.

Stichwortverzeichnis

Bildschirmarbeitsplatzverordnung

In Deutschland ist seit dem 12. August 1996 die Bildschirmarbeitsplatzverordnung in Kraft. Sie ist Bestandteil der Arbeitsstättenverordnung und aus der EU-Vorschrift von 1990 abgeleitet. Es wurden Richtlinien für die Beschattung von Bildschirmarbeitsplätzen erstellt. (siehe Broschüre „Bildschirm-Arbeitsplatzbeschattung" VIS)

Bürsten-Walzen Reinigung

Ein Reinigungsverfahren für Jalousien, basierend auf zwei großen rotierenden Bürstenwalzen mit Sprühdosen, bei einer Temperatur 30–80 °C.

Crashen

Beim Crashen durchläuft das Gewebe ein Crashrohr, dabei wird die breite Ware zu einem Strang zusammengefasst. Durch diese Strangform erhält die Ware dann die Orientierung des Crashens in Längsrichtung. Mit Hilfe eines sogenannten Klöppels wird die Ware zusätzlich noch in Querrichtung gecrasht. Das Gewebe durchläuft dann eine Heizkammer, in der das Material unter Dampfzufuhr bei 80–100 °C vorfixiert wird. Die weitere Ausrüstung erfolgt dann auf einem Spannrahmen.

Einbrennlackiert

Die Trocknung des Lackes erfolgt in einer Brennkammer/Aufheizkammer. Durch dieses Verfahren wird der Lack besonders widerstandsfähig.

Fertigmaß

Definitives Endmaß der Sonnenschutzanlage

Glasfalz

Strecke der Vorderkante Fensterflügel/Rahmen bis zum Glas.

Stichwortverzeichnis

Glasmaße
Exaktes Glasmaß in Breite und Höhe ohne Dichtungslippe.

Hubmechanisches Waschverfahren
Ein Reinigungsverfahren für Lamellenanlagen, Rollos und Plissees, basierend auf einem 30–40 °C warmen Wasserbad mit speziellen Reinigungsmitteln. Ein Korb mit dem Reinigungsgut wird im Wasser auf- und abbewegt.

Isolierglas
Verglasung für Fenstersysteme mit 2 oder mehr Scheiben. Die Zwischenräume sind mit Gas oder Luft gefüllt, dadurch wird der Wärmedurchgang langwelliger Wärmestrahlen gegenüber der Einfachverglasung reduziert.

Keder
In den Saum eingeschobenes Kunststoff-Profil zur Befestigung des Stoffes an einer Welle.

Konkav
Nach innen gekrümmt, hohl.

Konvex
Nach außen gekrümmt, bauchig.

Laserzuschnitt
Ein gebündelter Lichtstrahl schneidet und schweißt das Material.

Lux
Einheit zur Messung der Beleuchtungsstärke.

Nischenbreite/-höhe
Lichtes Maß einer Wandöffnung.

Paketbreite
Abmessung eines Lamellenpaketes im zusammengezogenen Zustand.

Pakethöhe

Abmessung einer Sonnenschutzanlage im hochgezogenen Zustand, incl. Kopfprofil.

Pendelsicherung

Seitl. Verspannung bei einer Montage auf beweglichen Fenster- oder Türflügel.

Perforiert

Perforation = lat. Durchbruch, Lochung

Perlex = geschütztes Warenzeichen VIS-Verband

Textilien für Sonnenschutzanlagen werden auf der Rückseite mit einer perlmuttartigen Pigmentbeschichtung ausgerüstet. Die Vorteile dieser Beschichtung sind hohe Reflexionswerte und Beständigkeit gegen alkalische Mittel. Die Gewebestruktur, Brillanz und Stofffarbe zur Raumseite bleibt bei dieser Veredelung erhalten.

Plafond-Anlage

Plafond = frz. Zimmerdecke, Sicht- und Sonnenschutz bei Deckenöffnungen/Wintergärten

Plissieren

Plissieren

Beim ersten Schritt des Plissierens wird das Material durch Ansetzen von Messern in die bestimmte Faltenform und Faltentiefe gebracht. Durch die Einwirkung hoher Temperaturen wird die Ware im zweiten Schritt fixiert. Die Standard-Faltentiefe beträgt bei Plissees 20 mm.

Plissiert werden können nur Stoffe aus Chemiefasern, die thermofixierbar sind, wie z. B. Polyester, Trevira CS, Acetat oder Mischgewebe.

Pulverbeschichtung

Hierbei wird Metall mit Pulver bestäubt und fährt anschließend durch eine Brennkammer/Heizraum.

Reflexion

Das Pulver geht eine besonders intensive Verbindung mit dem Metall ein, deshalb sind Pulverbeschichtungen sehr kratzfest.

Reflexion

Im Bereich des Sonnenschutzes gibt der Reflexionsgrad den Wert der eingestrahlten Sonnenmenge an, die direkt oder diffus zurückgeworfen wird. Je mehr Strahlung reflektiert wird, desto weniger kann in den Raum gelangen und ihn aufheizen. Erhöht werden kann der Reflexionswert noch dadurch, dass Stoffe mit Perlglanzpigmenten beschichtet werden.

Rotationsdruck

Beim Rotations-Druckverfahren wird mit walzenförmigen Schablonen gearbeitet, die aus feinporigen Blechen bestehen. Die Druckfarbe wird automatisch in die Schablone eingeführt und mit einer im Inneren befindlichen Rakel verstrichen. Ein Vorteil dieses Druckverfahrens liegt darin, dass Stoffe bis zu einer Breite von 240 cm und mit bis zu 24 Farben bedruckt werden können.

Schwer entflammbare Stoffe

Alle Stoffe können schwer entflammbar (DIN 4102 B1) ausgerüstet werden, wobei sich diese Eigenschaft abnutzen kann. Bei Trevira CS und Glasfaser ist die dauerhafte flammenhemmende Modifizierung bereits im Faserrohstoff enthalten.

Slope

Schräganlage. Anwendungsbereich Giebel und Wintergärten.

Softrollo

Eine Variante des Federzugrollos. Ein spezieller Federmechanismus verlangsamt den Aufrollvorgang. Nach dem Lösen der Arretierung rollt das Rollo selbsttätig langsam in die Endposition.

Sonderformen

Sonnenschutzanlagen, die weniger oder mehr als vier rechte Winkel haben.

Stoffe

Transparente Stoffe, die eine Durchsicht ermöglichen. Die Ausrüstung hat keinen Film zwischen den Gewebegitterlücken gebildet. Daher können Elemente, die sich hinter dem Stoff befinden, klar erkannt werden.
Die Stoffe sind eher dekorativ und werden durch die Beschichtung funktionsgerecht versteift und schnittfest ausgerüstet.

Halbtransparente Stoffe sind die typischen Tageslicht-Stoffe mit Sichtschutz. Die kompakte Beschichtung bildet einen Film zwischen den Gewebegitterlücken. Dadurch können Elemente, die nahe hinter dem Stoff liegen, nur schemenhaft erkannt werden. Eine Durchsicht durch den Stoff ist nicht möglich, jedoch kann einfallendes Licht, je nach Stofffarbe mehr oder weniger hell, in den Raum gelangen. Bei sehr dunklen Farben ergibt sich durch die Eigenfarbe des Materials und die damit verbundene niedrige Transmission eine raumabdunkelnde Wirkung.

Nicht transparente Stoffe haben auf der Rückseite eine Schaumbeschichtung, die wegen der guten Reflexion häufig weiß ist. Die Schaumschicht bildet eine geschlossene Fläche, durch die eine Reduzierung der Lichttransmission erreicht wird. Hinter dem Stoff liegende Elemente können nicht erkannt werden. Der mit diesen Stoffen beschattete Raum wird in sanftes Licht getaucht, außerdem wird eine hohe Reflexion erreicht.

Abdunklungs- oder Blackout-Stoffe haben auf ihrer Rückseite mehrere Schaumstriche, darunter eine schwarze Schaumschicht. Die schwarze Zwischen-

Transmission

schicht verhindert, dass Licht durch den Stoff dringen kann. Blackout-Rollostoffe sind lichtundurchlässig, sie werden zur Abdunklung verwendet.

Screen

Gittergewebe aus Glasfaser oder Polyester, Kunststoffummantelt.

Transmission

Der Transmissionsgrad bezeichnet die Menge des Lichtes, die der Stoff durchlässt. Je höher der Transmissionswert, desto heller wird der Raum.

Transferdruck-Verfahren

Beim Transferdruckverfahren wird das gewünschte Dessin zunächst auf Papier gedruckt. Der Stoff durchläuft zusammen mit dem Papier geheizte Walzen bei Temperaturen zwischen 160 und 220 °C, wodurch das Muster übertragen wird.

Ultraschall-Reinigung

Ein Reinigungsverfahren für Jalousien, PVC- und Aluminium-Lamellen und alle harten Werkstoffe, basierend auf hochfrequenten, energiereichen Flüssigkeits-Turbulenzen, in einem Wasserbad bei 30–80 °C mit speziellen Reinigungsmitteln.

VDS

Abkürzung für „Verband deutscher Sonnenschutzreiniger e.V".

VIS

Abkürzung für „Verband innenliegender Sicht- und Sonnenschutz e.V."

Vliesstoffe

Sind Faserverbundstoffe, die nach unterschiedlichen Verfahren, mechanisch, chemisch oder thermisch, verfestigt werden.